VIVRE ENSEMBLE
7 MILLIARDS D'HUMAINS

Un ouvrage de la collection « GoodPlanet essentiels »,
créée et dirigée par Olivier Blond, pour la fondation GoodPlanet
présidée par Yann Arthus-Bertrand

Rédaction en chef
Olivier Blond

Rédaction
Cécile Cros, Benjamin Grimont, Julien Leprovost, Ariane Petretti

Équipe 7 milliards d'autres
Production : Florent Gilard, Claire Guibert, Caroline Humbert, Galitt Kenan, Nuno Pires
Images et interviews : Grégoire Basdevant, Emmanuel Cappellin, Damien Chatard, Élise Darblay, Jérémy Frey, Anne Guillaume, Judith Haussling, Nicolas Henry, Chloé Henry-Biabaud, Hervé Kern, Dominique Llorens, Dorothée Martin, Aurélie Miquel, Sibylle d'Orgeval, Baptiste Rouget-Luchaire, Vanessa Rousselot, Carolina Sá, Jean Sebastian Seguin, Mélanie de Segundo, Isabelle Vayron
Montage : Véronique Algan, Sabrina Auteau, Maeva Issico, Romain Julien, Solveig Risacher, avec l'assistance de Véronique Beauducel, Eva Branellec, Julie Brones, Théo Lieutier, Cécile Plantin

Traduction
Agnès El Kaim

Adaptation des textes
Laurence Alvado et Marie-Thérèse Ménager

Relecture
Colette Malandain

Conception graphique
Artworklove

Iconographie
Françoise Jacquot, Anne Lorre (AFP) et Stéphanie Soyeux (AFP)

Adaptation des cartes et graphiques
Yannick Garbin - Coredoc et Ariane Petretti

Découvrez les activités de la fondation GoodPlanet
et soutenez-la sur www.goodplanet.org
Tenez-vous au courant des actualités et des débats
sur le développement durable sur www.goodplanet.info

VIVRE ENSEMBLE 7 MILLIARDS D'HUMAINS

YANN ARTHUS-BERTRAND

FONDATION GoodPlanet

Éditions
de La Martinière

AFP

AVANT-PROPOS
VIVRE ENSEMBLE

PAR YANN ARTHUS-BERTRAND

Selon les Nations unies, la population mondiale devrait atteindre 7 milliards fin octobre 2010. 7 milliards ! Difficile même à imaginer. Quand je suis né, nous étions 2 milliards. Ce chiffre a été multiplié par 3 au cours de ma vie.

Le premier défi de ce passage à 7 milliards est humain : il s'agit de trouver une manière de vivre ensemble. Pour y parvenir, il faudrait se connaître et avoir envie de se connaître. Et puis s'aimer. Aller vers l'autre et s'ouvrir à lui reste difficile malgré les formidables moyens de communication du monde moderne. Dans notre société toujours pressée, nous prenons trop rarement le temps de nous arrêter pour parler. Et il n'est pas besoin de faire le tour du monde pour croiser des étrangers : la différence est parfois toute proche de nous ; elle prend aussi les traits de notre voisin de palier.

Cette différence est une richesse. Une richesse qu'il faut défendre. Une richesse que j'ai essayé de montrer avec mes équipes dans mon projet 7 milliards d'Autres qui est allé recueillir les témoignages de plus de 6 000 personnes anonymes autour de la planète pour dresser un portrait sensible de l'humanité d'aujourd'hui. 7 milliards ! En fait, c'est plutôt une bonne nouvelle, malgré toutes les questions qui restent en suspens et tous les problèmes que cela induit. C'est que les catastrophes que certains prédisaient ne sont pas arrivées : l'ingéniosité humaine a réussi – pour l'instant – à les éviter. Mais comment nourrir la planète à l'avenir, comment espérer protéger les écosystèmes demain, quand nous serons 8, 9 ou 10 milliards, si nous n'y sommes pas parvenus aujourd'hui ?

7 milliards d'êtres humains, ce sont autant de bouches à nourrir et de consommateurs ou de pollueurs. Mais ce sont aussi autant d'intelligences à mobiliser et d'enthousiasmes à susciter. Le futur n'est pas écrit : il est entre nos mains.

J'ai eu la chance de croiser des militants exceptionnels sur les cinq continents. Ils et elles savent qu'il faut aimer notre siècle pour mieux le changer et déploient une énergie phénoménale pour le faire. Ils montrent la voie à tous les jeunes d'aujourd'hui qui sont plus conscients que nous ne l'étions à leur âge. Quand ceux-ci entreront dans la vie active, ils prendront d'autres décisions que nous, car ils auront été éduqués à l'environnement et, malheureusement, parce qu'ils feront face à des problèmes bien plus difficiles encore que ceux d'aujourd'hui.

Quand ils prendront en main le destin du monde, nous serons vieux. Et les démographes nous prédisent un monde de plus en plus vieux. Souvent, on le voit comme un problème – en particulier parce qu'on ne sait pas comment assurer les retraites de tous. Mais, pour moi, c'est aussi une bonne chose. Car, après toutes ces années, je ne vois pas le monde de la même manière. Je suis peut-être plus serein ou apaisé. J'ai compris que certaines choses sont plus importantes que d'autres. Et que l'amour et les relations à l'autre sont primordiaux.

Et si celles et ceux de ma génération partagent mon point de vue, alors nous sommes nombreux à partager l'envie d'un monde apaisé. Et si, comme moi, ils se préoccupent de transmettre ce qu'ils ont appris aux futures générations, s'ils se préoccupent de laisser à leurs petits-enfants un monde dans lequel ils puissent s'épanouir, alors ils et elles partagent la préoccupation d'un monde durable.

Ce n'est pas si mal.

INTRODUCTION

3 RÉPONSES À UNE MÊME QUESTION

PAR OLIVIER BLOND
Rédacteur en chef de la fondation GoodPlanet

Pourquoi le débat sur la natalité et la surpopulation est-il si difficile? Dès que l'on aborde le sujet, chacun se raidit. Est-ce parce qu'il nous interpelle trop profondément ? parce qu'il met en jeu des questionnements intimes sur notre désir de nous reproduire, sur nos rapports familiaux avec nos parents ou nos enfants ? parce qu'il remue des peurs ancestrales, ancrées dans une histoire de famines et de catastrophes, et des inquiétudes contemporaines face au manque de pétrole, aux conflits, à la pollution ?

Avec ce livre, la fondation GoodPlanet a souhaité poser quelques éléments sur la table – libre à chacun de s'en saisir, ou non. Nous avons tenté de rester aussi objectifs que nous le pouvions pour vous permettre d'être aussi subjectifs que vous le voudrez. En espérant favoriser un débat ouvert et cordial.

Cette introduction nous permet de rappeler que la question de la surpopulation n'existe pas en tant que telle. Elle se pose toujours – implicitement ou non – par rapport à une ou plusieurs ressources disponibles : l'espace, la nourriture, l'énergie ou les matériaux nécessaires pour répondre à nos besoins... C'est-à-dire l'empreinte écologique de l'homme.

Dès lors, on peut résumer le débat planétaire en ces termes : « Comment éviter que la consommation des humains dépasse les ressources de la Terre ? » Et donc le concentrer à 3 paramètres :

la population (P), la consommation des hommes (C) et les ressources disponibles (R), appelées aussi « biocapacité ». L'ensemble des positions peut ensuite être rattaché à 3 groupes d'idées.

Les partisans du facteur « P » pensent qu'il faut diminuer la population ou au moins réduire son augmentation. C'est une vision héritée de Malthus, auteur de la célèbre phrase : « La difficulté n'est pas de faire des enfants, mais de les nourrir. » Ce courant insiste sur le tabou actuel en Occident concernant un débat sur la limitation des naissances.

Les partisans du facteur « C » affirment qu'il faut diminuer la consommation, en particulier chez les Occidentaux dont le mode de vie est devenu outrancier. Quand bien même le nombre des habitants des pays du Sud augmenterait considérablement, chacun d'entre eux ne consomme presque rien en comparaison d'un Occidental.

Les partisans du facteur « R » espèrent que l'humanité va être capable, grâce aux progrès technologiques, de trouver de nouvelles ressources ou de diminuer celles nécessaires pour satisfaire nos besoins.

Bien entendu, ces 3 courants discutent les uns avec les autres. Pour ne donner que quelques exemples : les partisans du « C » reprochent aux partisans du « P » de stigmatiser les pauvres du Sud tout en refusant d'examiner et surtout de modifier leur attitude et leur consommation. Ce sont souvent des écologistes de gauche, parfois des partisans de la décroissance qui accusent les autres d'être de droite.

À cela, les « P » répondent que le niveau de vie augmente rapidement au Sud – celui-ci n'est plus seulement un tiers-monde pauvre et souffrant, il abrite aujourd'hui des économies dynamiques qui n'ont plus grand-chose à nous envier.

Les partisans du « R » rappellent pour leur part que les prédictions catastrophistes des années 1960 ne se sont jamais concrétisées et que la révolution verte a permis d'accroître la production alimentaire bien plus vite que n'a augmenté la population. Certains « R » sont des écolo-sceptiques. La plupart sont perçus par les autres comme des scientistes.

Évidemment, tout le monde a un peu raison et un peu tort. La solution est à chercher dans les 3 directions à la fois, et la difficulté est de savoir s'écouter mutuellement. C'est là un point crucial, car si l'on prend un peu de hauteur, la question que pose le passage de la population mondiale à 7 milliards devient la question de comment vivre ensemble.

SOMMAIRE

5_ VIVRE ENSEMBLE

6_ CONSOMMER AUTREMENT

7_ FUTURS

1

7 MILLIARDS D'AUTRES

« 6 000 interviews vidéo recueillies dans 83 pays sur des questions et des problématiques universelles : la famille, l'éducation, les conflits, les peurs, les rêves, le sens de la vie… 7 milliards d'Autres permet de s'interroger sur ces thématiques qui nous concernent tous et de dresser ainsi un portrait sensible de l'humanité aujourd'hui. »

7 MILLIARDS D'AUTRES,
Un projet de la fondation Goodplanet

FEMMES

2/3

de l'agriculture de subsistance dans les pays en développement provient du travail des femmes.

POURTANT, LES FEMMES N'ONT BIEN SOUVENT **AUCUN DROIT** SUR LES **TERRES**.

100

millions de femmes sont portées « manquantes » en Asie, surtout en Inde et en Chine.

EN CAUSE, LA VALORISATION DU RÔLE DES GARÇONS, QUI FAVORISE L'**AVORTEMENT SÉLECTIF** EN DÉFAVEUR DES FILLES.

64 %

c'est la part des foyers, dans les pays en développement, où la femme va chercher l'eau.

AUTANT DE **TEMPS** QUE LES FEMMES NE CONSACRENT PAS À L'**ÉDUCATION**, À LA **FAMILLE** OU ENCORE AU **TRAVAIL**.

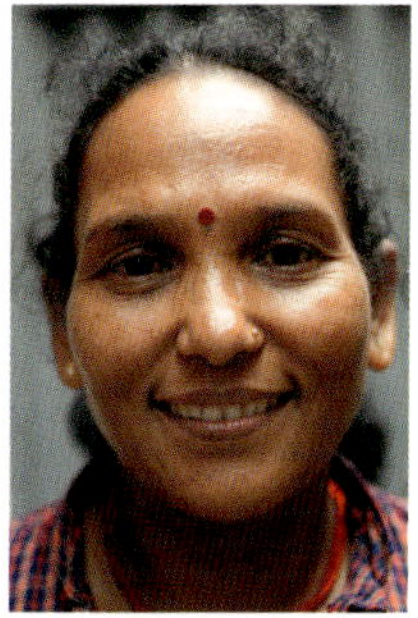
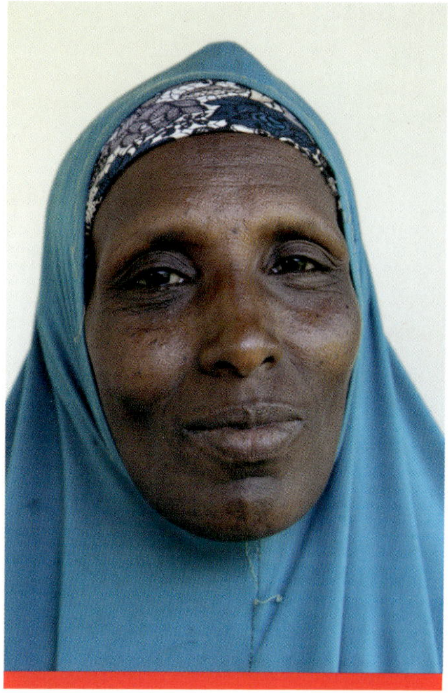

1 - Antonio, *Équateur*
L'indépendance de la femme ne mène pas vers le bonheur des couples mais plutôt vers la division de la famille.

2 - Rahmatou, *Mali*
Dans notre milieu, la femme ne connaît pas de discrimination, c'est la patronne. Elle décide. Nous avons même eu des femmes chefs, des femmes guides spirituels, des femmes guides guerrières, nous avons eu des femmes conseillères en tout. Quand une femme se fait remarquer par sa valeur, elle est respectée.

3 - Silvia, *Guatemala*
Qu'elles soient pauvres ou riches, qu'elles aient fait des études ou pas, les femmes vivent dans la violence. Il faut absolument briser le silence. Parler ! Parler ! Parler ! Et là, on se rendra compte que nous avons la possibilité de changer les choses.

4 - Nirmala, *Népal*
La femme est bien supérieure à l'homme. Vous ne croyez pas ? Sans femme, la vie ne verrait pas le jour. Sans femme, il n'y aurait rien du tout. Un enfant a besoin d'une mère. Une mère, c'est la matrice. Qu'on le veuille ou non.

Nefisa, *Éthiopie*
L'homme et la femme ? Dieu ne les a pas créés égaux. Comme les doigts d'une main qui ont chacun une longueur différente. Et il faut respecter Dieu.

FAMILLE

2,51

c'est le nombre d'enfants par femme dans le monde en 2010, contre 4,95 dans les années 1950.

LA **CONTRACEPTION** ET L'**ÉDUCATION** DES FEMMES ONT CONTRIBUÉ À CETTE BAISSE.

215

millions d'enfants travaillent dans le monde.

54 % LE FONT DANS DES **CONDITIONS DANGEREUSES**. LES **FILLES** COMMENCENT À TRAVAILLER **PLUS JEUNES**.

28 %

de la population mondiale a moins de 15 ans, 7 % a plus de 65 ans.

LA **MAJORITÉ** DES JEUNES VIVENT DANS DES PAYS EN DÉVELOPPEMENT, NOTAMMENT EN **AFRIQUE**.

Vladimir, ***Russie***
La famille, c'est ce petit nid confortable où l'on vient pour se reposer. L'homme a été créé pour donner son amour aux autres. Vivre seulement pour soi-même n'est pas intéressant : c'est comme être une ampoule noire qui n'éclairerait personne.

Mario, ***Portugal***
La chose la plus difficile qui me soit arrivée, c'est peut-être la mort de ma mère. Ce que j'ai appris ? Qu'on arrive à vivre sans ceux qu'on a aimés. On peut continuer à sourire, à pleurer et à être heureux malgré tout. Mais il reste toujours un très grand manque.

Moussia, ***Israël***
La famille est une création. On ne reçoit pas. On crée avec douleur. On crée avec joie. Mais surtout on crée sans rancune. Mon fils est né pendant la guerre et je l'ai voulu ainsi. Dans ces circonstances où l'on niait la vie, il fallait que je donne la vie pour croire encore en elle.

CLIMAT ET CATASTROPHES

380

millions de personnes vivent en zone côtière à moins de 10 m d'altitude.

SI LE **NIVEAU DE LA MER** MONTE, ELLES DEVRONT ABANDONNER LEUR **MAISON**.

3,4

milliards de personnes dans le monde sont exposées à un risque de catastrophe naturelle.

SOIT **UNE PERSONNE SUR 2**.

2°C

de plus sur Terre, et des phénomènes irréversibles vont se produire.

EN FRANCE, LE **RÉCHAUFFEMENT** AU XXe SIÈCLE ÉQUIVAUT À UN **DÉPLACEMENT DES CULTURES** VERS LE **NORD** DE 180 KM.

Justin, *Madagascar*
C'est vraiment très dur pour obtenir de l'eau parce que, là où nous vivons [une décharge en périphérie de Tananarive], il y a une grande rivière appelée Ikopa, mais l'eau est trop sale et on ne peut pas la boire. Pour avoir de l'eau potable, il faut faire 1 kilomètre et, quand il y a des crues avec un fort courant, nous sommes obligés d'y aller en pirogue.

Salem, *Mali*
Le changement du climat agit même sur les mentalités parce que, chez nous, la pluie, c'est l'argent ; la pluie, c'est l'or. Quand il pleut, on a tout. Quand il ne pleut pas, cela crée beaucoup de chômeurs, ce qui pousse au banditisme et à beaucoup d'autres choses encore.

Abebe, *Éthiopie*
Ce qui me fait peur pour le futur, c'est que mon pays devienne complètement déforesté et que, du coup, des sécheresses apparaissent. S'il n'y a pas de forêts, les êtres humains ne peuvent pas survivre. Et notre pays se transformera en désert.

MIGRATIONS ET RÉFUGIÉS

214

millions, c'est le nombre de migrants dans le monde en 2010, 19 millions de plus qu'en 2005.

AVEC **43 MILLIONS** D'IMMIGRÉS, LES **ÉTATS-UNIS** EST LE PAYS QUI COMPTE LE PLUS DE MIGRANTS.

120

millions de Chinois retournent dans leur famille à la campagne pour fêter le Nouvel An chinois.

C'EST LA PLUS IMPORTANTE **MIGRATION HUMAINE**.

211

millions de personnes sont touchées chaque année par une catastrophe naturelle.

C'EST **5 FOIS PLUS** QUE LE NOMBRE DE VICTIMES DE CONFLITS ARMÉS.

1 - Sabil, *France*
Personne ne quitte son pays pour aller voir le pays de quelqu'un d'autre. Seul le malheur, seule la souffrance ou la guerre l'y oblige. Aujourd'hui, croyez-moi, quand je me couche, je rêve de mon pays, mais de cet ancien pays qui n'existe plus : la Yougoslavie de Tito.

---

2 - Yaya, *Tchad*
Là-bas [au Soudan], c'était le pays, les biens, les propriétés, les terres, les jardins... Là-bas, c'était un monde paisible et joyeux. Ici, il n'y a pas de joie, il n'y a rien d'appréciable, sauf le fait d'être toujours en vie, et la famille qui est là, saine et sauve.

Silvestre, *Guatemala*
Je n'ai jamais voulu émigrer dans d'autres pays parce que tout ce que je peux faire là-bas, je peux le faire ici, au Guatemala. La seule chose dont j'ai besoin, ce sont des opportunités.

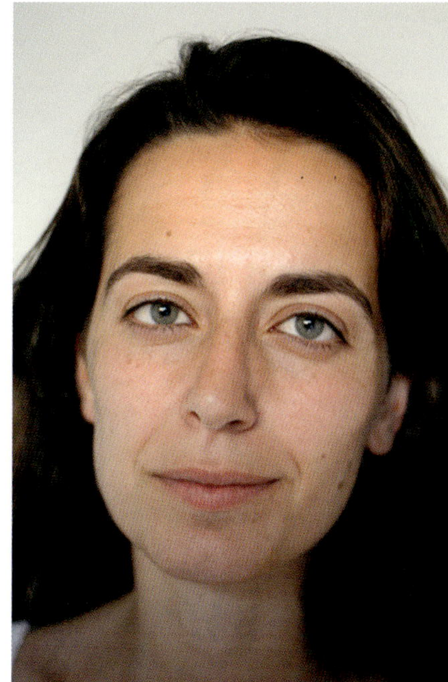

Sarah, *Israël*
Je n'ai pas de pays, je n'ai pas de pays à moi. J'aime et j'essaie d'être fidèle à la terre sur laquelle je marche. Je ne crois pas aux pays ni aux frontières.

CONFLITS ET GUERRES

231

millions de personnes sont mortes au XXᵉ siècle à cause des guerres et des conflits armés.

LA PLUPART ONT ÉTÉ VICTIMES DES **BOMBARDEMENTS**, DE LA **SOUS-NUTRITION** ET DES **MALADIES**.

28

pays ne possédaient pas d'armée en 2010.

POUR LA PLUPART, IL S'AGIT DE **PETITS ÉTATS INSULAIRES** LIÉS À D'AUTRES PAYS PAR DES ACCORDS DE **DÉFENSE**.

1630

milliards de dollars, c'est le montant des dépenses militaires mondiales en 2010.

ALORS QU'IL NE FAUDRAIT QU'**ENTRE 30 ET 40 MILLIARDS DE DOLLARS** POUR METTRE FIN AU PROBLÈME DE LA **MALNUTRITION**.

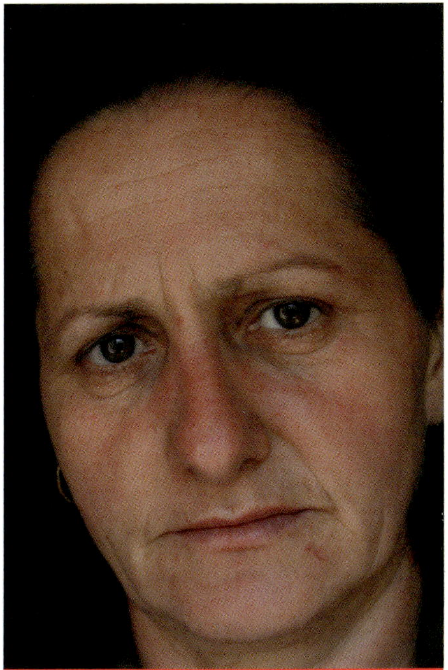

Nura, ***Bosnie-Herzégovine***
Toutes les conséquences de la guerre sont restées en moi. J'ai compris qu'en 24 heures, tout peut changer et que les esprits fous, les criminels, les dictateurs peuvent faire tout ce qu'ils veulent. C'est ce que j'ai appris avec la guerre. Et je ne crois plus à l'impossible.

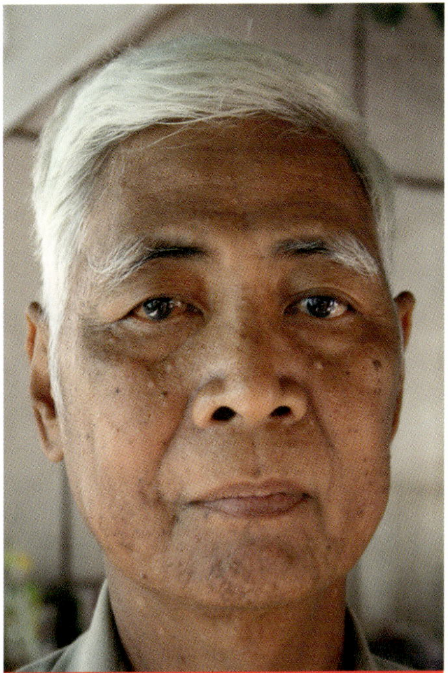

Vann, ***Cambodge***
On dit aujourd'hui qu'on cherche les innombrables injustices commises sous le régime de Pol Pot. C'est vrai, nous cherchons. Mais à quoi servirait que la justice soit rendue puisque tout le monde est déjà mort ? Ce que nous voulons, c'est que les coupables reconnaissent leurs méfaits.

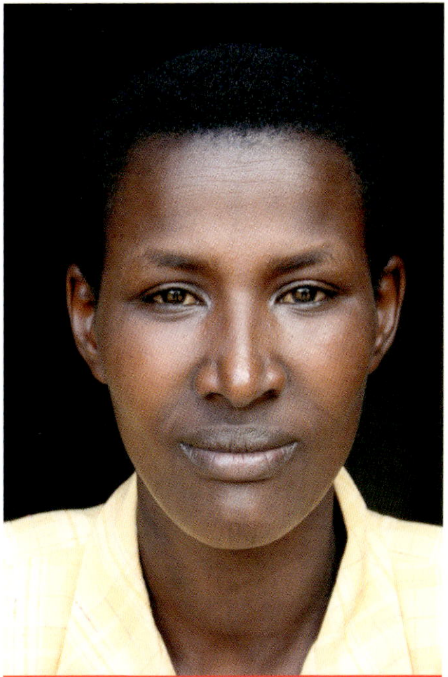

Ernestine, ***Rwanda***
En kinyarwanda, on dit : « Les gens bien élevés marchent la tête haute malgré les problèmes intérieurs qui les minent. » Je peux ne pas avoir à manger, mais je me lave et je me fais belle, pour que ces gens qui m'ont tuée ne voient pas que ça ne va pas.

ÉDUCATION

42 %

des femmes ayant reçu une éducation secondaire ont recours à la contraception.

ELLES NE SONT QUE **10 %** À LE FAIRE SI ELLES N'ONT REÇU **AUCUNE ÉDUCATION**.

72

millions d'enfants n'étaient toujours pas scolarisés en 2007.

LE NOMBRE D'ENFANTS NON SCOLARISÉS A MALGRÉ TOUT BAISSÉ DE **33 MILLIONS** DEPUIS 1999.

98 %

c'est le taux de scolarisation en Tanzanie en 2006, contre 50 % environ en 1999.

MADAGASCAR, LE **NICARAGUA** ET LA **ZAMBIE** ONT AUSSI FRANCHI LE SEUIL DES **90 %**.

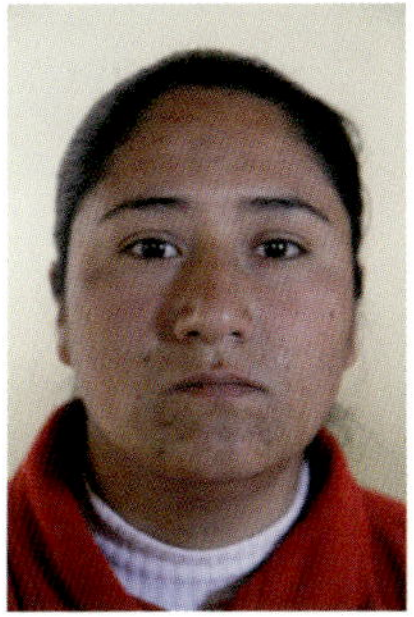

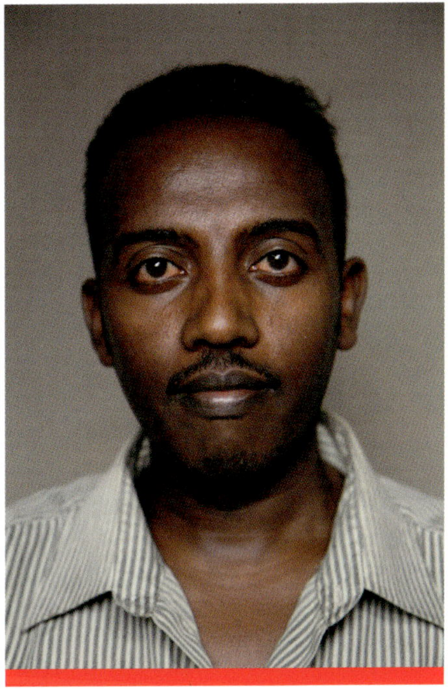

1 - Ana Natalia, *Équateur*
Je crois que, quand quelqu'un s'instruit, il découvre qu'il n'a pas de limite, ou que les limites sont des choses que l'on s'impose à soi-même. Si quelqu'un ne va pas à l'école, il s'enferme dans sa vie et dans ce qu'il a autour de lui.

---

2 - Nader, *Bangladesh*
Je ne sais pas si les enfants qui vont à l'école primaire actuellement apprennent beaucoup de choses, parce que je n'ai jamais vu de programme. Mais peu importe ce qu'ils font, c'est toujours plus que ce que la génération précédente a fait.

Tadesse, *Éthiopie*
Quand je pense à la façon dont j'ai été élevé, quand je pense à tous les sacrifices que ma mère a faits pour moi, j'imagine comme une lumière qui jaillit, ou une graine tombée au sol qui germe et produit trois ou quatre autres fruits. Elle m'a élevé dans l'espoir, comme ce grain dans le sol qui s'épanouit. Je lui dois beaucoup.

Dy, *Cambodge*
La souffrance, ma souffrance, est due à mon ignorance. Car cette ignorance me bloque. Je suis née dans une période [sous le régime de Pol Pot] où il n'y avait que de la souffrance. Je voulais apprendre, mais c'était impossible. Si j'avais la connaissance, peut-être qu'aujourd'hui ma vie serait meilleure.

SANTÉ

69,2

ans, c'est l'espérance de vie moyenne d'un nouveau-né en 2009.

EN 1950, ELLE ÉTAIT DE **52,5 ANS**. LES PROGRÈS DE LA MÉDECINE L'ONT AMÉLIORÉE DANS LA PLUPART DES PAYS DU GLOBE.

4,7

millions de personnes ont accès aux traitements contre le VIH.

34 MILLIONS DE PERSONNES VIVENT AVEC LE **SIDA** EN 2010.

36

millions de personnes meurent chaque année à cause d'une eau insalubre.

40 % DE LA POPULATION MONDIALE NE DISPOSE PAS D'UN **SYSTÈME D'ASSAINISSEMENT** DES EAUX USÉES.

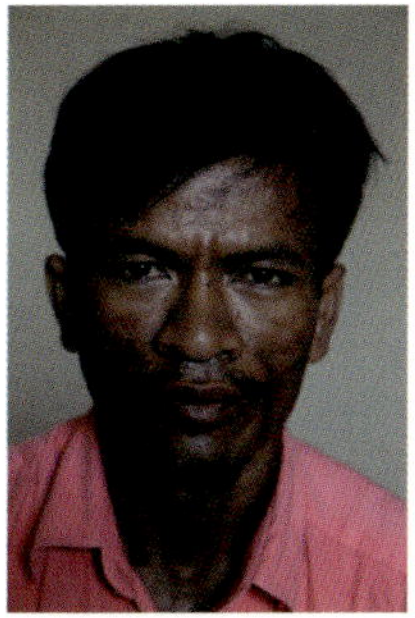

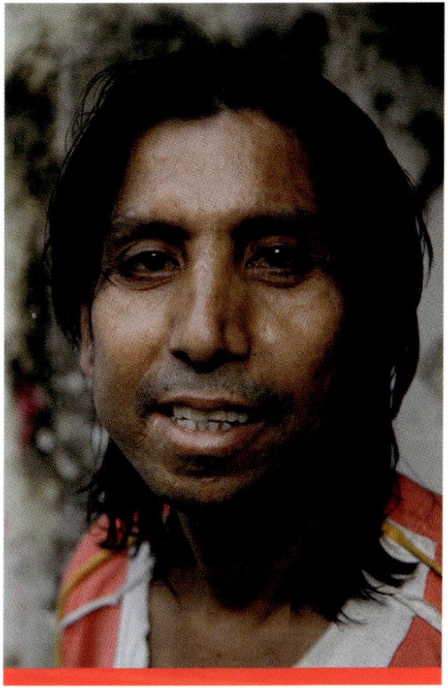

1 - Cristian, *Guatemala*
Avec les problèmes d'accès à la santé au Guatemala, je crois que, parfois, celui qui tombe malade est condamné à mourir.

---

2 - Chan, *Cambodge*
La majorité des gens au Cambodge savent peu de choses de ma maladie [le sida]. Quand ma femme cuisine, elle en donne parfois aux voisins, mais ils jettent cette nourriture devant elle. Ils ont peur d'attraper ma maladie en la mangeant. Cela me fait très mal. Ils ne m'acceptent pas avec ma maladie, ils m'ignorent.

Ramesh, *Inde*
Pour payer l'opération de ma femme, nous avons vendu notre carte de rationnement, nous avons mis en vente ses bijoux, ses colliers et ses boucles d'oreilles. J'ai payé les docteurs, ils m'ont dit que l'opération avait été effectuée. Mais ce n'était pas vrai. Quelques semaines plus tard, ma femme est morte.

Carlos, *Équateur*
Si vous me demandez, en tant que chaman, quelles étaient les maladies qu'il y avait avant, je vous répondrai qu'il n'y en avait pas. C'était le sorcier qui envoyait des sorts. C'est cela que vous appelez des maladies.

SE NOURRIR

3

cultures (riz, blé, maïs) assurent l'alimentation de plus de la moitié de la planète.

L'**ALIMENTATION** DES TROIS QUARTS DE LA POPULATION MONDIALE NE REPOSE QUE SUR **12 ESPÈCES VÉGÉTALES**.

2

dollars, c'est ce que reçoit une vache européenne chaque jour sous forme de subventions.

PLUS DE LA **MOITIÉ DES HABITANTS** DES PAYS EN DÉVELOPPEMENT VIVENT AVEC MOINS DE **2 DOLLARS** PAR JOUR.

80 %

des personnes qui souffrent de la faim dans le monde sont des paysans.

L'AGRICULTURE EMPLOIE **44 % DES PERSONNES ACTIVES** DANS LE MONDE, MAIS NOMBREUX SONT LES PAYSANS SANS TERRE.

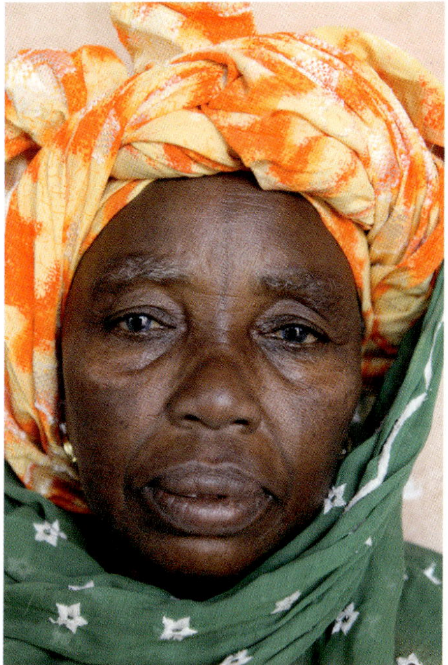

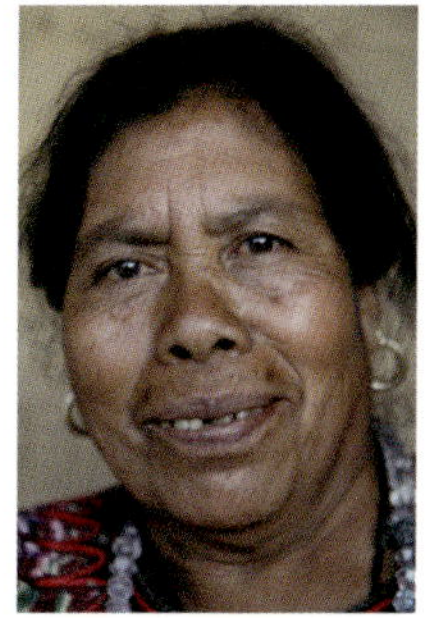

1 - Miguel, *Guatemala*
Le moment le plus difficile que j'ai vécu, c'est quand on souffrait de la faim. Nous n'avions pas de quoi nous nourrir, car l'armée avait rasé nos champs de maïs. Nous n'avions ni nourriture, ni habits, ni argent, ni médicaments. Et nous sommes restés longtemps cachés sous des arbres.

Lorena Ketty, *Équateur*
Même pour étudier, l'alimentation est importante. Si les enfants vont à l'école sans prendre de petit déjeuner, s'ils ne mangent pas, et si avant d'aller dormir, la seule chose qu'ils ont, c'est une limonade sucrée et du manioc, que vont-ils apprendre ? Rien !

Oureye, *Sénégal*
Il y a plusieurs sortes de violences. Être malade et ne pas avoir les moyens de se soigner, c'est une forme de violence. Avoir faim et ne pas avoir de quoi manger, c'est une forme de violence aussi. Vouloir et ne pas pouvoir, c'est une forme de violence.

2 - Tomasa, *Guatemala*
L'eau compte beaucoup pour moi. Avec, je peux me laver et boire. Sans, je sens mauvais et ne peux pas laver mes affaires. On peut avoir un sac de savon, mais sans eau, on ne peut rien faire ! Même si on a du maïs, si on n'a pas d'eau, on ne peut pas manger ! L'eau est ce qu'il y a de plus important.

LA CROISSANCE VERTIGINEUSE DE LA POPULATION MONDIALE

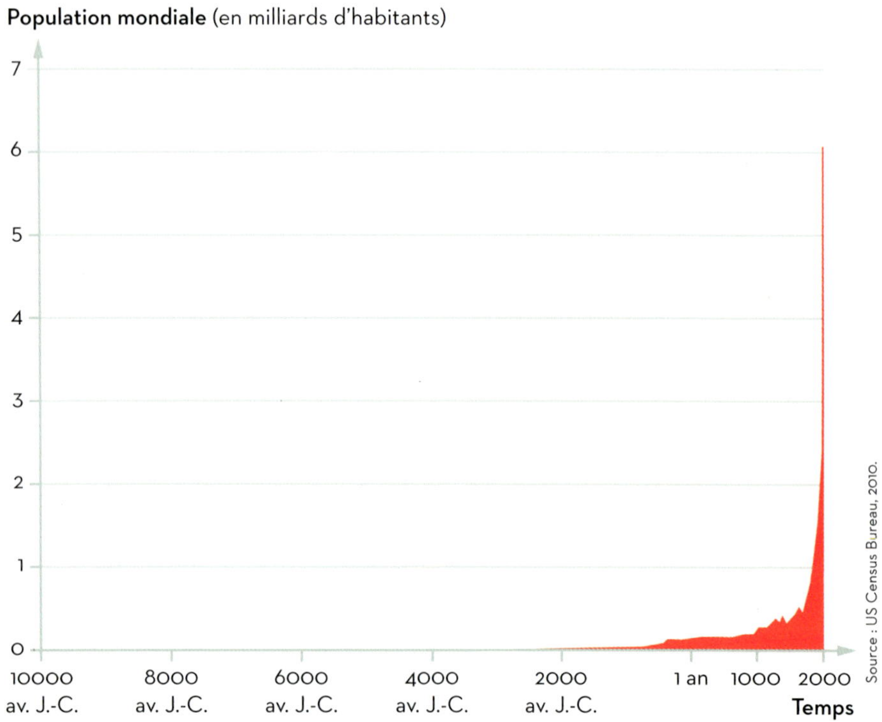

[Ci-contre]
Alors que l'humanité a mis plus de 100 000 ans pour atteindre 1 milliard d'habitants, il n'a fallu qu'un siècle environ pour passer à un deuxième milliard, seulement 30 ans pour atteindre le troisième et 12 ans pour le septième. Mais la population devrait se stabiliser autour de 10 milliards au cours du XXIe siècle.

[Page de droite]
Parmi les 7 milliards d'êtres humains que nous sommes aujourd'hui, la moitié a moins de 25 ans et habite dans des pays pauvres. L'Afrique est le plus jeune de tous les continents : plus de 40 % des Africains ont moins de 15 ans.

UN MONDE DE JEUNES

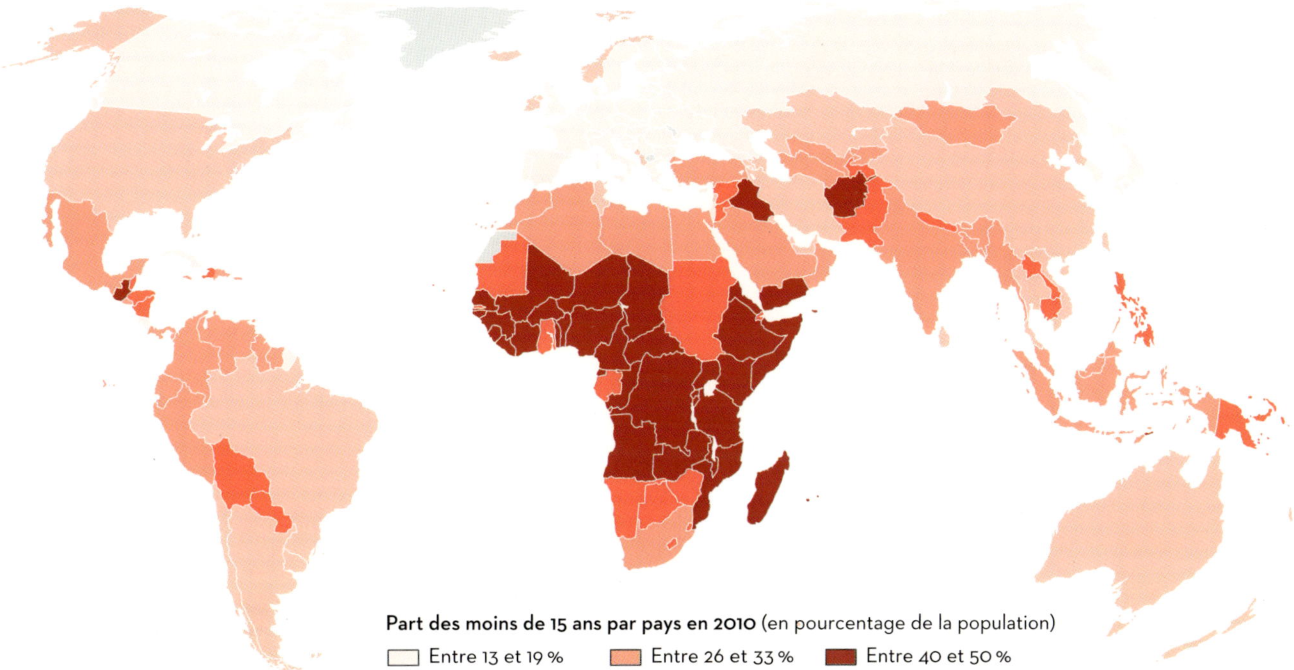

Part des moins de 15 ans par pays en 2010 (en pourcentage de la population)

- Entre 13 et 19 %
- Entre 19 et 26 %
- Entre 26 et 33 %
- Entre 33 et 40 %
- Entre 40 et 50 %
- Absence de données

Source : United Nations Statistics, 2010.

2

LA BOMBE HUMAINE

« La difficulté n'est pas de faire des enfants, mais de les nourrir. »

THOMAS ROBERT MALTHUS
Économiste et pasteur britannique

LES LIMITES DE LA POPULATION MONDIALE

[Pages précédentes]
Détail de la façade d'un immeuble à São Paulo, Brésil. Les 5 millions d'habitants de la ville désignent les immeubles et les quartiers précaires sous le nom de *cortiços*. Avec son extension, São Paulo connaît aussi l'essor des bidonvilles.

Les 7 milliards d'habitants seront peut-être l'un des derniers caps que franchira la population mondiale. Au sortir de la Seconde Guerre mondiale, la croissance démographique avait accéléré, passant de 1,6 % par an entre 1945 et 1950 à 2 % entre 1965 et 1970. En conséquence, la population avait littéralement « explosé », terme popularisé à partir de 1960, passant de 2,2 milliards d'habitants en 1945 à 3,7 milliards en 1970. Puis, progressivement, le taux de croissance a décru. Il est actuellement descendu à 1,1 % par an. C'est encore un chiffre respectable qui, s'il se maintenait, conduirait à un doublement de la population en 60 ans, soit 14 milliards vers 2075.

La croissance semble pourtant devoir continuer à s'affaiblir en raison de la diminution rapide de la fécondité dans tous les grands pays du globe. La tendance actuelle hésite en effet entre la trajectoire moyenne et la trajectoire basse postulées dans les projections des Nations unies. Dans l'hypothèse moyenne, la stabilisation se produirait vers la fin du siècle à environ 11 milliards d'êtres humains (9,3 milliards en 2050), mais, dans la trajectoire basse, un maximum de 8 milliards serait atteint vers 2045, suivi par une décroissance. L'explosion démographique touche donc à sa fin.

Est-ce à dire que la question démographique est en passe d'être résolue et que le péril démographique sera bientôt derrière nous ? Non, pour deux raisons. D'abord, certains pays ont encore une croissance rapide qui semble avoir résisté à toutes les recettes appliquées dans le reste du monde pour faire baisser la fécondité. Même en prévoyant une baisse de fécondité comme le font les Nations unies, la population de la République démocratique du Congo (ex-Zaïre) passerait de 60 millions actuellement à 170 millions en 2050 (250 millions si la fécondité y demeurait à son niveau présent de 6 enfants par femme en moyenne). Même chose pour le Pakistan, qui pourrait passer de 165 millions à 380 millions. Sachant que les grands pays ont maîtrisé, ou presque, leur fécondité en jouant sur plusieurs leviers – l'accès gratuit aux moyens modernes de contraception, l'éducation des femmes, particulièrement l'éducation secondaire des jeunes filles, l'imposition de lois antifamiliales (l'enfant unique en Chine) –, on peut s'interroger sur la possibilité d'une baisse au Congo comme au Pakistan, deux pays où la faiblesse de l'État, la guerre civile larvée et le bas niveau d'éducation des femmes freinent les méthodes qui ont réussi ailleurs.

Ensuite, la seconde cause d'inquiétude ne réside pas dans la démographie, mais dans les conséquences de l'amélioration du niveau de vie d'une grande partie de la population mondiale (les pays émergents). De plus en plus, les populations de ces pays, et plus particulièrement leurs classes moyennes, adoptent le comportement des habitants des pays développés, soit une importante consommation d'énergie et une alimentation riche en nourriture d'origine animale.

La consommation d'énergie pousse à la hausse le prix des hydrocarbures, ce qui rend attrayant le recours à d'autres formes d'énergie. Certaines sont à encourager, car elles n'affectent pas ou peu la planète, mais d'autres, comme les biocarburants, entrent en concurrence avec la subsistance des populations les plus pauvres. L'augmentation de la consommation de nourriture d'origine animale est tout aussi inquiétante, car une partie croissante de la récolte mondiale de céréales est destinée à la nourriture de nos animaux élevés pour leur viande (36 % de la production mondiale de céréales en 1995, 57 % aujourd'hui).

Avec la consommation actuelle de nourriture, avec la surface des terres emblavées (qui est à peu près constante depuis des décennies), avec une augmentation de la production dans des pays où les rendements sont très faibles (environ 10 quintaux à l'hectare pour l'Afrique entière alors que la France ou l'Allemagne sont aux alentours de 80 quintaux), le saut des 7 milliards aux 8 ou 9 milliards en 2050 serait possible. Avec l'augmentation de la production de biocarburants et de la consommation de nourriture animale, c'est pratiquement impossible, sans même compter les dégâts collatéraux causés par ces deux phénomènes.

HERVÉ LE BRAS
Enseignant à l'École des hautes études en sciences sociales
Directeur d'études à l'Institut national d'études démographiques

VIVRE À 7 MILLIARDS

— Au XXe siècle, la population a « explosé ».

La plage de Qingdao, Chine.
Peuplée en 1953 de 583 millions d'habitants, la Chine a vu sa population doubler en moins de 60 ans. Et ce, malgré une politique de contrôle des naissances. Elle compte aujourd'hui plus de 1,3 milliard d'habitants.

Alors qu'elle était de l'ordre de quelques millions au moment de l'invention de l'agriculture, il y a 10 000 ans environ, la population mondiale est passée à plus de 100 millions pendant l'Antiquité, pour atteindre 1 milliard d'habitants vers 1800. Elle atteint 2 milliards vers 1930, 3 milliards vers 1960, 4 milliards vers 1975, 5 milliards vers 1990, 6 milliards vers 2000 et 7 milliards en 2011. C'est dire que, s'il a fallu 100 000 ans pour atteindre le premier milliard d'êtres humains, moins de deux siècles ont suffi pour passer à un deuxième milliard, seulement 30 ans pour le troisième milliard et 12 ans pour le septième.

Si cette augmentation exponentielle devait continuer et la population doubler tous les 50 ans, nous serions 24 milliards en 2100, 96 milliards en 2200 et plus de 600 000 milliards en l'an 3000. Bien évidemment, cette croissance démesurée est impossible et ne pourrait qu'amener notre monde à sa perte – même les scénarios de science-fiction les plus échevelés n'envisagent pas une colonisation de l'espace qui puisse absorber une telle population ! C'est une règle qui ne connaît pas d'exception : une croissance infinie n'est pas compatible avec une ressource finie – c'est-à-dire avec les limites physiques de la planète.

Dans la réalité, il est donc fort probable que la population ne continuera pas à croître à un rythme exponentiel. Et de fait, dans certains pays, la population commence déjà à décroître. Dans presque tous, le rythme de la croissance démographique a commencé à ralentir, voire à s'annuler.

Quoi qu'il en soit, le visage démographique de la planète est en train de se transformer radicalement. Les équilibres entre les grandes masses évoluent : par exemple, le poids de l'Europe diminue – ce continent ne compte plus que 11 % de la population mondiale contre près de 25 % vers 1900. L'âge moyen, la fécondité, le rapport jeunes-vieux, bref les structures profondes de notre société sont également en train de se transformer sous nos yeux. Et cela, très profondément.

一分钟取相

L'HÉRITAGE DE MALTHUS

__ **Les idées du célèbre misanthrope** continuent de diviser.

Un hélicoptère de l'armée apporte l'aide alimentaire aux survivants d'inondations à Lal Pir, Pakistan.
Durant l'été 2010, plus d'un cinquième du Pakistan et plus de 20 millions de personnes ont été touchés par des inondations.

« La difficulté n'est pas de faire des enfants, mais de les nourrir », écrivait le révérend Malthus. Celui qui se fit connaître en 1798 avec son *Essai sur le principe de population* met en garde le monde sur le risque encouru par la surpopulation. D'après lui, la population s'accroît plus rapidement que la production de nourriture, ce qui aboutit nécessairement à des famines, à des épidémies, à des conflits et à des migrations qui réguleront *in fine* la population.

Comme ce sont les plus pauvres qui font le plus d'enfants et qui souffrent le plus des famines et de leurs conséquences, Malthus suggéra de limiter l'assistance aux démunis, car celle-ci les encourage à se reproduire. Elle précipite et aggrave les catastrophes et les troubles qui accablent les pauvres, et donc au final dessert son objectif charitable.

Si la vision pessimiste et misanthrope de Malthus suscita immédiatement des critiques, elle séduisit également de nombreuses personnalités de tous bords (dont le biologiste Charles Darwin). Elle donna naissance à divers courants qui ont perduré jusqu'à aujourd'hui.

Regroupés sous le terme « malthusianisme » puis « néomalthusianisme », ces courants n'ont souvent en commun que de prôner le contrôle des naissances, certains au travers du planning familial, d'autres en encourageant l'eugénisme (y compris aux États-Unis, qui pratiquèrent la stérilisation forcée au début du XXe siècle).

Parmi les objections formulées aux idées de Malthus, la plus importante est certainement que les progrès technologiques ont permis, à l'inverse de ce qu'il affirmait, une augmentation de la production agricole et des richesses supérieure à celle de la population. Toutefois, les récentes crises alimentaires et les préoccupations écologistes redonnent à Malthus une actualité. D'une certaine manière, il a anticipé la question de la finitude des ressources par rapport aux besoins d'une croissance illimitée.

Reste que, pour certains, les textes de Malthus ou de ses disciples dévoilent une aversion pour les pauvres et marquent donc un mépris social bien éloigné de l'humanisme dont ils se parent.

LES CAVALIERS DE L'APOCALYPSE

— Les Cassandre de la surpopulation prédisent la fin du monde. Mais rien de tel n'est arrivé, pour l'instant.

Une maternité de Manille, Philippines. D'après le gouvernement, un tiers des naissances ne sont ni désirées ni prévues par les couples. Les mouvements religieux s'opposent au développement de la contraception.

De tous les disciples de Malthus, le plus connu et celui dont l'influence est aujourd'hui encore la plus importante est Paul Ehrlich. Ce biologiste, qui commença sa carrière scientifique par l'étude des papillons, publia en 1968, avec sa femme, un livre qui fit grand bruit : *The Population Bomb* (*La Bombe P*, en français). Le livre s'ouvrait sur ces lignes : « La bataille pour nourrir l'humanité est perdue. Dans la décennie 1970, des centaines de millions de personnes vont mourir de faim quels que soient les programmes de secours que nous mettrons en place. Désormais, rien ne peut plus prévenir une augmentation importante de la mortalité mondiale. » Au cours des années suivantes, il multiplia les annonces les plus catastrophistes. Heureusement, aucune, ou presque, ne s'est réalisée.

Aux États-Unis, Paul Ehrlich inspira le mouvement de contrôle des naissances, mais suscita également des critiques acerbes. Malgré les oppositions, il est devenu un acteur majeur de l'écologie du pays. S'il fait parfois figure de repoussoir, de parangon des Cassandre de l'écologie, il n'en continue pas moins ses prédictions. Et quand on lui oppose que celles-ci ne se sont pas encore réalisées, il répond que ce n'est qu'une question de temps ou bien que c'est justement grâce à ses mises en garde qu'on y a échappé.

Pour autant, il existe des arguments scientifiques qui appuient l'hypothèse d'une crise à venir. En 1972, quatre ans après *The Population Bomb*, quatre chercheurs américains du MIT publièrent une étude intitulée *The Limit to Growth* (*Halte à la croissance*, en français). Réalisé à la demande du Club de Rome (un groupe de réflexion précurseur du développement durable), ce rapport peut être considéré comme le premier document scientifique moderne soulignant les dangers d'une croissance continue. Quoique très controversé lui aussi, il reste un ouvrage de référence et a été mis à jour plusieurs fois par ses auteurs. Ses conclusions, plus mesurées, ont beaucoup mieux résisté au temps.

LA TRANSITION DÉMOGRAPHIQUE : UNE RÉVOLUTION CULTURELLE

— Tous les pays du monde connaissent une évolution similaire, mais sur des échelles de temps différentes.

Des personnes âgées effectuent des exercices de gymnastique en hiver à Minsk, Biélorussie.
L'OMS recommande aux personnes de plus de 65 ans de pratiquer 2 heures 30 d'activité physique modérée par semaine, comme la marche, pour réduire le risque de maladies, de dépression et de détérioration de la fonction cognitive.

Le moteur de l'augmentation de la population que nous connaissons porte un nom : la « transition démographique ». Le terme désigne le passage d'un régime où la fécondité et la mortalité sont élevées à un autre où la natalité et la mortalité sont faibles. Entre ces deux régimes de relative stabilité démographique, on observe une phase de forte croissance qui se décompose en deux étapes. La première voit la mortalité chuter tandis que la natalité reste élevée, voire augmente. Elle est causée par les progrès de l'hygiène et de l'alimentation. La seconde se caractérise par une baisse de la mortalité tandis que la natalité diminue. Elle est la conséquence du changement des mentalités.

Ce changement de régime démographique a commencé en Europe vers 1800 et, en Afrique, il y a moins d'un demi-siècle. En général, plus l'écart est important entre le début de la baisse de la mortalité et celui de la baisse de la natalité, plus l'accroissement démographique est conséquent. La population du Burkina Faso, en pleine transition comme de nombreux pays africains, est ainsi passée de 5,5 millions en 1975 à plus de 14 millions en 2006. Elle a augmenté de plus de 3 % par an, ce qui correspond au doublement de la population en 23 ans.

S'il n'existe pas de modèle unique de transition démographique, la théorie soutient implicitement que toutes les populations du monde vont évoluer de la même façon, quoique plus ou moins rapidement. Selon les Nations unies, la transition devrait être achevée dans toutes les régions du monde vers 2100. Nous serons alors environ 10 milliards. Toutes les populations auront adopté un modèle familial similaire, avec environ 2 enfants par femme.

Si le déclenchement de la transition démographique est un indicateur du niveau de développement économique d'un pays, sa fin est avant tout un changement dans la culture, la mentalité et l'organisation d'une société.

JUSQU'À QUEL ÂGE VIVRONS-NOUS DEMAIN ?

— L'espérance de vie des générations futures pourrait diminuer, car notre environnement et nos modes de vie changent.

Un supporter de cricket assiste à un match, Nouvelle-Zélande.
Près d'une personne sur dix dans le monde est obèse. Le surpoids est responsable de nombreuses maladies et de décès prématurés.

En 1750, l'espérance de vie à la naissance en France était de 27 ans pour les hommes et 28 ans pour les femmes. Aujourd'hui, elle frise les 78 ans pour les hommes et les 85 ans pour les femmes. À l'échelle mondiale, elle est passée de 46,5 ans en moyenne dans les années 1950 à 69,2 ans en 2009, soit une augmentation de près de 4 mois chaque année. À l'origine de cette envolée, les progrès de la médecine, de l'hygiène et l'amélioration de l'accès aux soins.

Certaines projections voient l'espérance de vie à la naissance continuer à croître, mais la tendance pourrait en fait s'inverser. D'abord parce qu'il existe probablement une limite biologique à la longévité humaine ; ensuite parce que, malgré les progrès de la médecine, les maladies tuent encore. En Afrique du Sud, le sida a ainsi fait chuter l'espérance de vie à la naissance de 12 ans en moins de 20 ans, tandis qu'à l'échelle mondiale les maladies chroniques prennent de plus en plus d'ampleur. Les effets de ces affections de longue durée ne sont donc pas encore très visibles, mais, d'après l'Organisation mondiale de la santé (OMS), elles ont déjà dépassé les maladies infectieuses comme première cause de mortalité dans le monde.

Parmi ces maladies chroniques, l'obésité est au centre de toutes les attentions. En effet, alors qu'elle entraîne une diminution de l'espérance de vie de 5 à 15 ans, on comptait 43 millions d'enfants de moins de 5 ans en surpoids en 2010. De même, le nombre de cancers est en croissance rapide partout dans le monde (+45 % prévus entre 2007 et 2030, selon l'OMS), en partie à cause du vieillissement de la population, mais aussi très probablement pour des raisons environnementales.

Alimentation déséquilibrée et contaminée par les pesticides, rythme de vie sédentaire, air et eau contaminés par des polluants chimiques de synthèse et problèmes environnementaux au sens large sont des phénomènes nouveaux apparus au XXe siècle. Ils commencent seulement à dévoiler leurs effets et pourraient ramener l'espérance de vie de la génération qui naît aujourd'hui en dessous de celle de ses aînés.

LES OBJECTIFS DU MILLÉNAIRE POUR LE DÉVELOPPEMENT

— La lutte contre la pauvreté progresse surtout en Asie, où l'économie connaît une forte croissance et où la population est stabilisée.

Un enfant rapporte de l'eau dans le camp de réfugiés de Kibati, République démocratique du Congo. Des millions de femmes et d'enfants n'ont pas accès à l'eau potable. Chaque jour, ils parcourent en moyenne 6 kilomètres pour rapporter 20 litres d'eau.

À l'aube du IIIe millénaire, les Nations unies ont adopté des objectifs ambitieux, appelés Objectifs du millénaire pour le développement. Ils sont au nombre de 8 et devraient être atteints en 2015. Ce sont : réduire l'extrême pauvreté et la faim ; assurer l'éducation primaire pour tous ; promouvoir l'égalité des genres et l'autonomisation des femmes ; réduire la mortalité infantile ; améliorer la santé maternelle ; combattre le VIH/sida, le paludisme et les autres maladies ; assurer un environnement durable ; construire un partenariat mondial pour le développement.

Chacun de ces 8 objectifs contient des buts chiffrés. Par exemple : réduire de moitié la part des individus vivant avec moins de 1 dollar par jour et réduire de moitié la part des individus souffrant de la faim entre 1990 et 2015.

Alors que nous approchons du terme des engagements, les premiers bilans sont contrastés. La pauvreté et la faim ont considérablement diminué en Asie, mais, en Afrique, la situation a empiré. La croissance économique en Chine et en Inde, qui a atteint près de 10 % par an, et la situation très difficile en Afrique l'expliquent en grande partie. Mais il n'y a pas que l'économie : lutter contre la pauvreté et l'illettrisme avec une population qui augmente est aussi plus compliqué que lorsqu'elle est stable. Or, ces dernières années, l'Asie a réussi à maîtriser sa croissance démographique. En revanche, dans le même temps, la population a rapidement augmenté en Afrique.

Pourtant l'accès au planning familial et le contrôle des naissances n'ont pas été inclus dans les Objectifs du millénaire. C'est d'autant plus regrettable que le contrôle par les femmes de leur vie sexuelle et reproductive est un facteur déterminant pour 4 des 8 objectifs (promouvoir l'égalité des genres et l'autonomisation des femmes ; réduire la mortalité infantile ; améliorer la santé maternelle ; combattre le VIH/sida). D'après les organisations féministes, cela s'explique par l'opposition des États dits « conservateurs ».

COMPTER JUSQU'À 7… MILLIARDS

— La population mondiale ne peut être qu'estimée. Tous les chiffres ne sont que des approximations plus ou moins fiables.

Recensement à New Delhi, Inde. Dans ce pays de plus de 1 milliard d'habitants, le recensement a requis le travail de 2,5 millions de personnes.

Comment être sûr que nous sommes bien 7 milliards d'êtres humains ? C'est impossible : la population mondiale évolue en permanence et, surtout, on ne peut pas la mesurer exactement. Certes, les gouvernements organisent des recensements, mais ceux-ci restent des outils imparfaits. Ces opérations existent depuis l'Antiquité et ont longtemps été destinées à faciliter la levée des impôts et l'enrôlement des soldats. Aujourd'hui, elles sont plutôt un outil d'aide à la décision et contribuent, par exemple, à décider du nombre d'écoles à construire en fonction de l'évolution du nombre d'enfants.

Les recensements modernes sont des opérations complexes qui récoltent de nombreuses données, comme la profession, les conditions de logement ou encore, aux États-Unis, l'origine ethnique - ce qui est interdit en France.

En 2010, plus de 2 millions d'agents de l'État ont été mobilisés pour le recensement décennal indien. La même année, la Chine recruta 6 millions de personnes pour sillonner le pays et contribuer au plus grand recensement de l'histoire. Mener à bien de telles opérations est hors de portée des pays qui manquent de moyens financiers ou organisationnels. Comment évaluer la population de Somalie, un « État défaillant », ou comment avancer un chiffre exact devant l'étendue des bidonvilles de Lagos, la capitale en plein boom du Nigeria, si ce n'est par extrapolation ?

Même le meilleur recensement, d'ailleurs, ne permettra pas de connaître le nombre exact de personnes vivant dans un pays : les migrants, les minorités marginalisées et les personnes vivant dans l'illégalité sont difficiles à localiser et évitent souvent de répondre aux fonctionnaires. En Chine, le gouvernement dit maintenir la marge d'erreur en dessous des 2 %, mais cela représente tout de même 27 millions individus ! Plus que les populations réunies des Pays-Bas et du Portugal.

Malgré ces imprécisions, l'addition planétaire qui donne donc environ 7 milliards n'en est pas moins utile symboliquement : elle fait prendre conscience à toutes les populations du poids global qu'elles représentent.

LE DÉCLIN DÉMOGRAPHIQUE

__ **La Russie, le Japon et l'Allemagne** pourraient perdre des dizaines de millions d'habitants par le simple fait de la baisse de leur natalité.

Des pêcheurs sur le bord du lac Minskoe, Biélorussie. La pêche offre un complément de revenus dans un pays où le quart de la population vit en dessous du seuil de pauvreté. En 20 ans, le pays a vu sa population se réduire de 7 %.

Le risque d'explosion démographique aurait-il été surévalué ? Dans certains pays, c'est plutôt l'inverse qui semble se produire. La Russie affiche ainsi un taux de croissance négatif de sa population avec - 0,48 % par an. Elle a perdu 10 millions d'habitants depuis 1990 et pourrait en perdre 20 millions supplémentaires d'ici à 2030. Le Japon est à - 0,21 % par an et pourrait voir sa population passer de 127 millions en 2010 à moins de 90 millions aux alentours de 2050. En Allemagne, ce taux est à - 0,28 %.

La diminution de la population est habituellement perçue comme un signe de crise : elle est associée à des catastrophes, à des guerres, à la Peste noire qui a ravagé l'Europe médiévale, ou encore à des famines comme celles survenues en Irlande au milieu du XIXe siècle ou plus récemment en Russie et en Afrique. La réduction qui survient sous nos yeux est plus lente, et donc moins spectaculaire. Elle n'en est pas moins importante.

La principale cause de cette transformation est la baisse de la fécondité. Dans beaucoup de pays, le nombre d'enfants par femme diminue rapidement et, dans la majeure partie d'entre eux, il se situe autour de 2,1 - la valeur généralement admise pour assurer le renouvellement des générations dans les pays où la mortalité est faible. Les pays de l'OCDE ne sont pas les seuls concernés : pour ne citer que lui, l'Iran est déjà à 1,8 enfant par femme. D'autres facteurs viennent parfois s'ajouter. C'est le cas en Russie, avec une surmortalité masculine causée par l'alcool et de médiocres conditions sanitaires.

Le déclin démographique amène un vieillissement de la population et modifie profondément la pyramide des âges. Selon certains scénarios, 40 % de la population sera âgée de plus de 65 ans au Japon en 2050. À l'avenir, dans de nombreux pays, l'enjeu ne sera bientôt plus de limiter la croissance démographique, mais de limiter son déclin et, surtout, de trouver les nouveaux modes de fonctionnement qui permettront aux jeunes et aux plus vieux de bien vivre ensemble.

UN MONDE DE JEUNES

— La moitié de la population mondiale est âgée de moins de 25 ans. Quelle place leur réserve la société ?

Un jeune Égyptien fait le signe de la victoire et brandit un morceau de pain en avril 2011 sur la place Tahrir au Caire, Égypte. Ce pays a connu des émeutes de la faim en 2008. En 2011, c'est une révolution qui a secoué l'Égypte et mis fin, après des semaines de mobilisation, à la dictature.

« Soyez réalistes, demandez l'impossible. » En mai 68, sous l'impulsion d'une jeunesse portée par le mouvement hippie, la société traditionnelle française et occidentale vole en éclats. Quarante ans plus tard, un vent de révolte porté par la jeunesse souffle de nouveau, mais plus sur l'Occident. En Tunisie et en Égypte, deux pays où près de la moitié de la population a moins de 25 ans, les jeunes ont montré leur capacité à transformer la société et à insuffler un changement : c'est le « Printemps arabe ».

Près de la moitié de la population mondiale est âgée de moins de 25 ans et la majorité de ces jeunes vivent dans des pays en développement. Cela pourrait sembler une opportunité historique, la promesse d'un monde différent. Pour autant, la jeunesse ne fait pas tout. Quand une génération nombreuse se heurte à l'absence d'emploi, d'éducation et de perspectives, cela peut mener au désespoir et offrir un terreau à la violence, voire au terrorisme. Tout dépend donc de la place que la société donne à ses jeunes, ou de celle qu'ils savent prendre.

C'est une question sociale, mais aussi une question économique : en Tunisie comme en Égypte, l'État a investi dans l'enseignement et a formé un nombre croissant de jeunes. Pourtant les diplômes ne leur ont pas épargné le chômage. À l'autre bout du monde, en Chine, le nombre de diplômés a été multiplié par 7 depuis 1999. Le pays a réussi à donner un emploi à des masses de jeunes adultes et à en faire les agents d'un développement économique sans précédent.

L'irruption d'une jeunesse nombreuse est également un enjeu écologique. Bien plus sensibles aux questions environnementales que ne le sont leurs parents, les jeunes d'aujourd'hui peuvent changer leur rapport au monde et mettre en place un mode de vie plus respectueux de la nature, afin de léguer à leurs propres enfants une planète préservée.

LA TRANSITION DÉMOGRAPHIQUE

Taux de natalité et de mortalité
(en pourcentage)

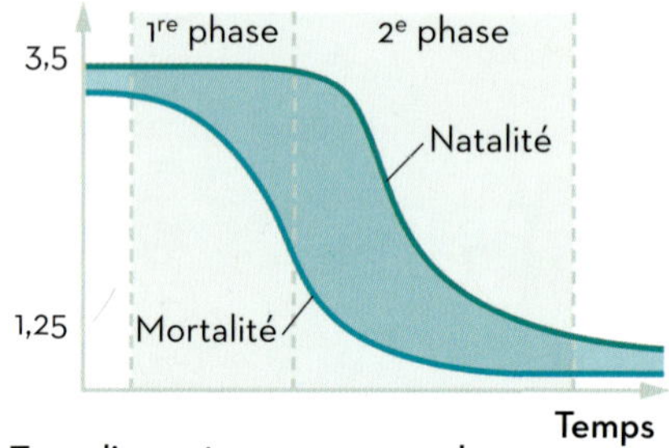

Taux d'accroissement naturel
(en pourcentage)

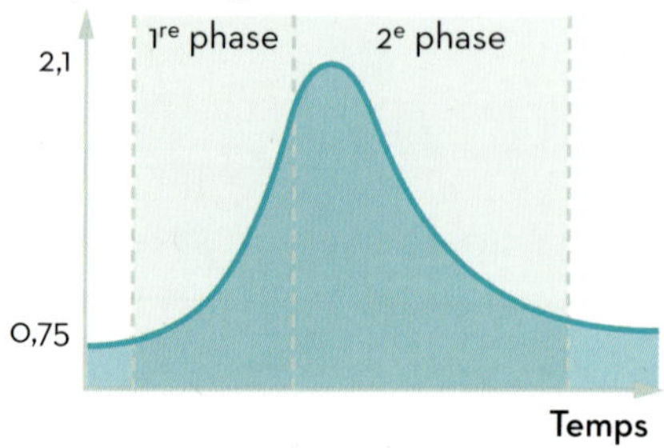

Source : Sciences Po, 2007.

[Ci-contre]
La transition démographique est le moteur de la croissance de la population mondiale. Elle débute par une baisse de la mortalité grâce aux progrès sanitaires et à une meilleure alimentation. Ce n'est qu'un peu plus tard que les naissances commencent à baisser pour des raisons culturelles et sociales. Entre les deux, la population connaît un accroissement important. Les courbes, et en particulier la durée de la transition, sont différentes pour chaque pays.

[Page de droite]
La fécondité a chuté considérablement en un demi-siècle. Dans plus de la moitié des pays, elle est descendue en dessous de 2,1 – le seuil de renouvellement de la population. Il n'y a quasiment plus qu'en Afrique qu'elle dépasse 3 enfants par femme.

LA POPULATION MONDIALE ET LA FÉCONDITÉ

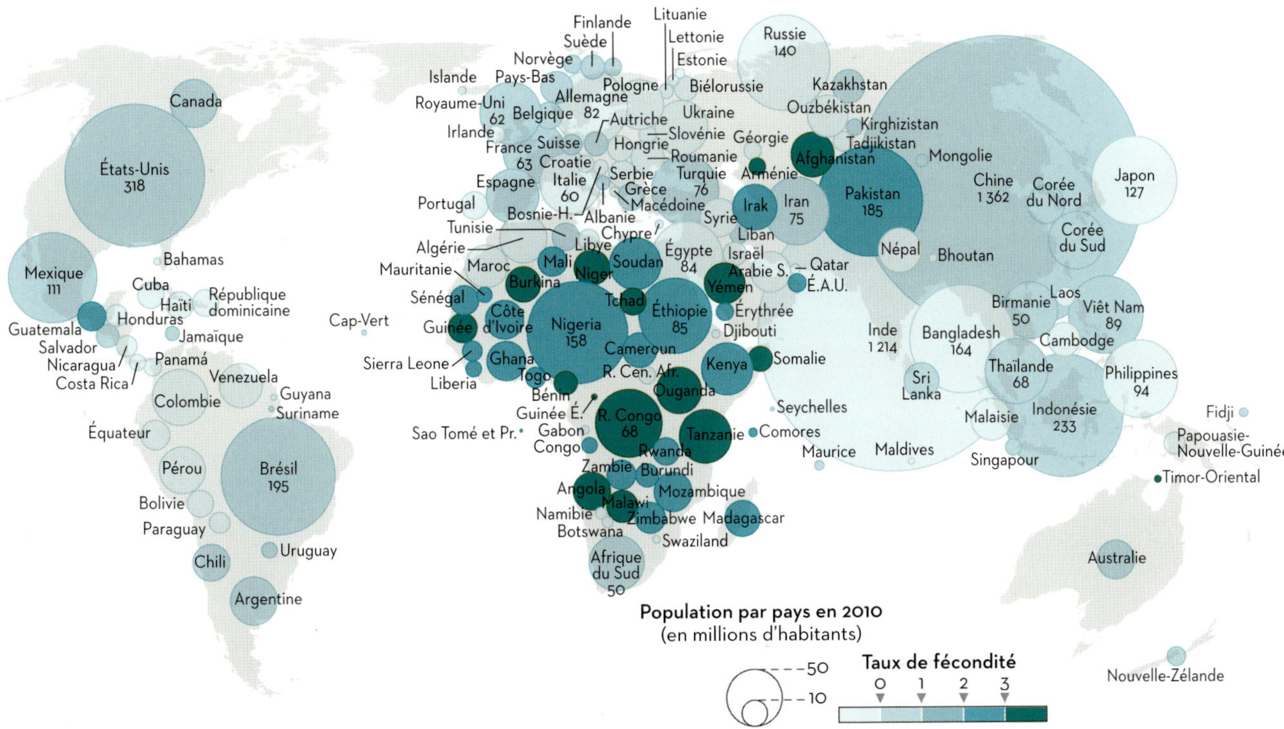

Source : World Data Bank, Eurostat et ONU, 2010.

3

L'EMPREINTE DE L'HOMME

« Le temps du monde fini commence. »

PAUL VALÉRY
Écrivain français

ET SI NOUS METTIONS L'EMPREINTE ÉCOLOGIQUE À NOS TABLEAUX DE BORD ?

[Pages précédentes]
Les bidonvilles de Guayaquil, la plus grande ville du pays, Équateur.
Attirés par la prospérité de la ville, les plus pauvres se sont établis à l'embouchure du fleuve Guayas, où les déchets s'amoncellent.

Imaginez que vous volez à bord d'un avion qui n'a pas de jauge à carburant à son tableau de bord. Pour le décollage, pas de problème, mais une fois en vol, un tel avion serait dangereusement sous-équipé. Car, bien évidemment, les pilotes ont besoin de savoir combien il leur reste de kérosène dans le réservoir et si cette quantité suffit pour atteindre la destination qui est la leur.

Aussi surprenant que cela puisse paraître, les tableaux de bord qui nous servent à diriger l'économie n'ont pas de « jauge à carburant ». Nous avançons donc à l'aveuglette. Bien que nous soyons dépendants des ressources de la nature pour toutes nos activités économiques, les débats politiques et les indicateurs de performance des pays (ceux des pays eux-mêmes et ceux de la plupart des institutions internationales) ne comportent aucune mesure qui indique de quelle quantité de nature un pays ou une région dispose, et dans quelle mesure sa population l'utilise.

La capacité de régénération de la nature, sa « biocapacité », est le « carburant » ou, comme l'exprimerait un économiste, le « facteur de production » qui peut mettre un frein à l'économie. Même notre consommation de combustibles fossiles est limitée par la biocapacité, car la nature n'a qu'une faculté d'absorption limitée du déchet numéro un : le CO_2. C'est même un facteur encore plus contraignant que la quantité de combustibles fossiles que nous pouvons encore extraire du sol, car, en termes de capacité de la nature à traiter les déchets, nous en avons déjà trouvé trop.

Et, quand bien même nous ne procéderions à aucune prospection supplémentaire, si nous brûlions l'intégralité des combustibles fossiles que nous avons déjà trouvés – gaz, pétrole et charbon –, la concentration en carbone dans l'atmosphère grimperait à 1700 ppm. Cela correspondrait donc à 4 fois la concentration actuelle et nous dépasserions très largement le seuil au-delà duquel les climatologues redoutent des répercussions climatiques catastrophiques.

En d'autres termes, si l'on veut préserver le climat, il faut éradiquer les combustibles fossiles. En outre, de nombreuses alternatives à ces derniers puisent, elles aussi, dans la biocapacité, la mettant encore plus à rude épreuve.

De combien de ce « carburant » qu'est la biocapacité l'économie a-t-elle besoin ? Notre analyse au Global Footprint Network montre que l'humanité dépasse la capacité de régénération de la planète de presque 50 %. Prenons le cas de la France. Même si la biocapacité de ce pays est nettement au-dessus de la moyenne mondiale, elle ne suffit pourtant pas à satisfaire les besoins écologiques de la population.

L'empreinte écologique de la France, c'est-à-dire la quantité de ressources nécessaires pour produire ce que la population consomme et pour absorber les émissions de CO_2, dépasse la biocapacité du pays de 40 % et excède ce qui est disponible par habitant dans le monde de 300 %. Autrement dit, si tous les habitants sur Terre vivaient comme les Français, nous aurions besoin des ressources de trois planètes, ou presque. Cette évaluation a été confirmée par plus d'une dizaine d'études gouvernementales dans le monde, y compris par une étude de l'État français dont le SOeS (Service de l'observation et des statistiques) a recalculé l'empreinte écologique du pays en utilisant notre méthode. Il est parvenu à reproduire notre série chronologique qui va de 1961 à 2005 avec un écart de seulement 1 à 3 % par rapport à nous.

En ces temps où nous exigeons de plus en plus de services écologiques et où ceux-ci sont de plus en plus limités, il devient risqué de toujours demander plus à la planète. C'est particulièrement vrai pour les pays dans lesquels le pouvoir d'achat diminue relativement au reste du monde, or la France en fait partie. Si nous pouvions nous mettre à diriger l'économie avec l'empreinte écologique et la biocapacité affichées à notre tableau de bord, nous pourrions commencer à rectifier notre trajectoire… et éviter le crash qui, autrement, est inévitable.

MATHIS WACKERNAGEL
Président du Global Footprint Network
www.footprintnetwork.org/fr

NOURRIR LE MONDE, UN DÉFI

— Pendant des siècles, la faim était une question de pénurie. Aujourd'hui, c'est un problème d'accès à la nourriture.

Une survivante dans les ruines de Port-au-Prince après le séisme qui a ravagé l'île en janvier 2010, Haïti. Pour survivre, de nombreux Haïtiens ont dû piller dans les décombres en attendant les secours.

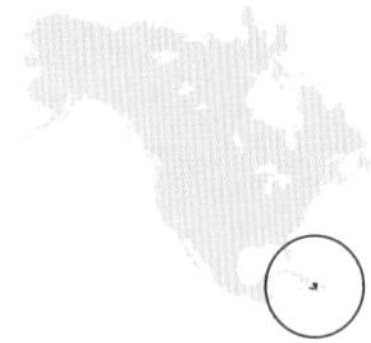

Les émeutes de la faim qui ont secoué l'Égypte, l'Indonésie ou encore le Maroc en 2008 nous ont rappelé que la faim existe encore de nos jours : presque 950 millions de personnes en souffrent. Le nombre qui pourrait prochainement atteindre 1 milliard. Et presque 40 000 personnes meurent de sous- ou de malnutrition chaque jour, dans une relative indifférence.

Paradoxalement, les crises de 2008 sont survenues à un moment où la production agricole mondiale battait des records : ce fut en effet l'année où la production de céréales atteignit pour la première fois 2,3 milliards de tonnes. Alors que, pendant des siècles, la faim était plutôt une question de pénurie, elle est aujourd'hui avant tout un problème d'accès à la nourriture, c'est-à-dire de pauvreté ou d'extrême pauvreté. Ceux qui ont faim sont ceux qui ne peuvent même pas s'acheter de quoi manger. Même si la faim prend des formes et trouve des causes très différentes dans les bidonvilles des pays en développement ou chez les paysans sans terre, les crises alimentaires de 2008 ont une même origine : la hausse du prix des denrées alimentaires de base. À Haïti, le prix du sac de riz a ainsi doublé en une semaine.

Pourtant, la situation change. Avec l'augmentation de la population mondiale, la pénurie de terres arables, les changements de comportement alimentaire, l'émergence des biocarburants et de nombreux autres facteurs, la demande mondiale est en croissance marquée, et celle-ci va très probablement se poursuivre pendant les prochaines décennies. Augmenter la production alimentaire redevient donc un enjeu mondial.

La faim, quand elle frappe un pays, est une catastrophe. Quand elle afflige la planète de manière récurrente à un âge où il y aurait de quoi nourrir toute la population, elle devient un scandale. Le tout premier des Objectifs du millénaire pour le développement est de réduire de moitié le nombre des affamés en 2015. Certains pensent même qu'il faut se donner comme objectif de n'en plus compter aucun. C'est un objectif difficile, mais d'autant plus honorable.

℞ PHV

LA RÉVOLUTION VERTE

— La révolution verte a permis à l'Inde de multiplier sa production de riz par 3, mais aujourd'hui, le modèle arrive à ses limites.

Des soldats pulvérisent des pesticides pour exterminer des criquets, Sénégal.
Une tonne de criquets consomme en une journée la même quantité de nourriture que 2 500 personnes.

La « révolution verte » des années 1960 a fait disparaître les famines récurrentes qui ravageaient l'Asie et les pays en développement. L'amélioration des variétés végétales, l'utilisation d'intrants (engrais et pesticides) et l'utilisation plus large des techniques d'irrigation ont permis de multiplier par 2 ou 3 la production mondiale de céréales et des principales denrées alimentaires. L'Inde, qui est souvent prise en exemple, a multiplié par 3 sa production de riz. La Thaïlande est devenue le premier exportateur mondial de riz.

Cette révolution s'est accompagnée d'une transformation sociale puisque les paysans qui en ont bénéficié ont vu leurs revenus croître considérablement ; un État pauvre et aride comme le Pendjab est devenu le grenier à blé de l'Inde et l'un des États les plus riches du pays.

Le XXe siècle a ainsi contredit l'axiome essentiel de Malthus et de ceux qui s'inscrivent dans sa lignée : la population a considérablement augmenté, mais la production alimentaire s'est accrue encore plus vite.

Pourtant, aujourd'hui, cette révolution s'essouffle. La productivité continue de croître, mais moins vite – la plupart des experts pensent que le modèle a atteint ses limites. Les causes en sont multiples. Le coût environnemental est très élevé. Les paysans pompent dans les nappes phréatiques dont le niveau baisse dramatiquement. Les pesticides et les engrais contaminent et endommagent les milieux et on ne cesse de réévaluer leur dangerosité. Les écosystèmes s'épuisent. Socialement, la révolution verte a permis à un certain nombre de paysans de s'enrichir, mais les plus pauvres doivent s'endetter pour acheter les semences et les intrants, et ne s'en sortent plus : les suicides dans les campagnes indiennes deviennent de plus en plus nombreux.

À la fin du XXe siècle, le secteur agricole a connu une certaine désaffection : investissements et soutien public se sont taris – on croyait peut-être avoir résolu le problème. Mais l'agriculture est en train de redevenir un enjeu mondial. Le monde a besoin d'une deuxième révolution verte.

LA DÉGRADATION DES SOLS

__ **Une fois fragilisées, les terres perdent de leur productivité** et s'enfoncent dans une spirale négative.

Le lit de la rivière Gan, un affluent du Yangzi Jiang, asséché à cause de la sécheresse et du manque de précipitations, Chine. Même si une grande partie de l'eau va à l'agriculture, l'urbanisation et l'industrialisation accroissent la pression sur les ressources en eau.

Chaque année, la planète perd environ 30 millions d'hectares de terres cultivées. Pour moitié environ du fait de l'urbanisation et de l'empiètement des infrastructures, pour moitié à cause de la dégradation des sols (érosion, salinisation…).

C'est à la fois peu et beaucoup. Peu, car cela ne représente que 2 % environ des surfaces cultivées de la planète (1,5 milliard d'hectares) et cette perte est à peu près compensée par le défrichement de nouvelles terres. Beaucoup, car la dégradation des sols touche en fait une grande partie des terres cultivées. Au-delà de ces dizaines de millions d'hectares devenus inutilisables, ce sont en fait plus de 20 % des terres qui connaissent une forme plus ou moins importante de dégradation. Le plus souvent, celle-ci est due à des pratiques agricoles inadaptées : usage trop important d'engrais, surpâturage, irrigation mal maîtrisée qui conduit à une salinisation des terres, déforestation qui amène une érosion… Une fois fragilisées, les terres s'enfoncent souvent dans une spirale négative : elles sont érodées par le vent ou les pluies et la fine couche fertile disparaît. L'une des formes les plus graves du phénomène est la désertification.

Cette dégradation des sols se traduit par une diminution de la productivité agricole. C'est donc un problème majeur à une époque où se pose la question de comment nourrir la planète. Elle est d'autant plus préoccupante qu'aujourd'hui l'essentiel des terres arables, en tout cas les meilleures, sont utilisées : nous avons atteint les limites de notre monde. Si, dans les siècles passés, l'agriculture a accru ses capacités de production en étendant les surfaces arables, ce n'est plus possible, du moins dans la plupart des pays.

Plus de 90 % des nouvelles terres potentiellement cultivables se situent en Afrique subsaharienne et en Amérique latine, notamment au Brésil et en République démocratique du Congo. Mais gagner des terres dans ces pays se fait en détruisant la forêt, ce qui pose de très nombreux problèmes écologiques.

PLUS DE VIANDE, MOINS D'ALIMENTS

__ **Près de la moitié des céréales produites dans le monde** servent à nourrir les animaux et non les hommes.

Incinération de bovins et d'ovins suite à une contamination par la fièvre aphteuse en 2001 près de Lockerbie en Écosse, Grande-Bretagne. L'élevage intensif s'accompagne de nombreuses maladies, comme la vache folle et la fièvre aphteuse.

En 20 ans, la consommation mondiale en viande a doublé : elle est passée de 143 millions de tonnes en 1990 à 286 millions en 2010. Elle pourrait doubler encore d'ici à 2050.

Pourquoi ? Parce que nous sommes de plus en plus nombreux sur la planète. Mais aussi parce que nous sommes de plus en plus nombreux à pouvoir nous acheter de la viande. Ce dernier point est une bonne nouvelle : il signifie la diminution de nombreuses carences alimentaires pour toute une partie de la population mondiale. Dans les pays en développement, la consommation de viande est ainsi passée en quelques décennies de 10 à 30 kg environ de viande par an et par habitant (contre 80 kg dans les pays industrialisés).

Mais le développement de l'élevage a des effets néfastes. Tout d'abord, d'un point de vue écologique, l'élevage est aujourd'hui responsable de 18 % des émissions de gaz à effet de serre et représente une cause majeure de déforestation et de pollution. Ensuite, d'un point de vue sanitaire, la consommation excessive de viande favorise de nombreux troubles : obésité, cancers ou maladies cardiovasculaires. Enfin, d'un point de vue moral, l'élevage pose le problème de la souffrance des animaux.

Ce n'est pas tout. Du point de vue de la faim dans le monde – ou de la sécurité alimentaire –, la production de viande exige des quantités importantes de ressources. Ainsi pour produire 1 kg de viande de bœuf, il faut environ 7 kg de céréales – 2 kg pour du poulet. Or il existe des dizaines de milliards d'animaux d'élevage sur la planète ! En conséquence, près de la moitié des céréales produites dans le monde servent à nourrir les animaux et non les hommes. L'augmentation de la consommation de viande fait donc peser une demande supplémentaire sur la production agricole mondiale.

Pour autant, dans les pays pauvres, posséder un ou des animaux est parfois le seul capital accessible. C'est pour certains l'unique moyen de sortir de la pauvreté, et donc – paradoxalement – de ne pas mourir de faim.

LE *LAND GRABBING*

— Des millions d'hectares de terres arables sont achetées ou louées dans les pays du Sud par des pays étrangers.

Un travailleur à Al-Aylafoun, Soudan. De nombreux investisseurs convoitent les terres de ce pays. Depuis la sécession du Soudan du Sud en juillet 2011, l'Algérie a ravi au pays le titre de plus grand pays d'Afrique.

Alors que les terres arables manquent de plus en plus, un phénomène nouveau est apparu ces dernières années, qui prend en anglais le nom de *land grabbing*, traduit en français par « accaparement des terres » : des États ou des entreprises achètent ou louent à grande échelle des terres dans les pays du Sud pour les exploiter.

Les chiffres sont encore difficiles à rassembler, mais plusieurs dizaines de millions d'hectares seraient concernés, principalement en Afrique. L'Éthiopie, le Soudan et le Mozambique sont particulièrement touchés : ils disposent de terres importantes et peu exploitées, d'une main-d'œuvre pas chère et d'une réglementation souple.

Les acheteurs ou les loueurs sont en général des pays asiatiques (l'Arabie saoudite, la Corée du Sud ou la Chine), mais pas seulement. Leur objectif initial est de pouvoir nourrir leur propre population. Mais, dans certains cas, il s'agit simplement d'opérations financières : les terres ne sont pas chères tandis que les prix agricoles augmentent.

Les États vendeurs obtiennent des liquidités. Les promoteurs de ces opérations affirment qu'elles permettent de mettre en valeur des terres pas ou peu utilisées, de donner un travail à la population locale et de moderniser l'agriculture.

Pour autant, les populations locales et certaines associations s'y opposent parfois et dénoncent ce qu'elles assimilent à un nouveau colonialisme agricole. Certains « deals » ont dû être annulés pour cette raison. En effet, les conditions de vente ou de location sont généralement considérées comme inéquitables. Il y a souvent de la corruption. Et les terres ne sont pas vraiment inutilisées : elles servaient d'une manière ou d'une autre aux populations. Elles sont désormais dévolues à des cultures d'exportation et les populations locales doivent trouver ailleurs de quoi s'alimenter.

La FAO a élaboré un « code de bonne conduite » et tente de trouver des moyens de protéger l'agriculture paysanne locale. Mais il n'est pas certain que cela suffise à rendre équitables des opérations qui risquent de prendre de l'ampleur dans les années à venir.

UNE PLANÈTE ET DEMIE

— Nous consommons aujourd'hui les ressources naturelles plus vite que la Terre ne les régénère.

Des ouvriers soudent des pièces d'acier à Wuhan, Chine. Le faible coût de la main-d'œuvre a permis l'industrialisation et le rapide développement économique de ce pays, souvent au détriment de la santé des ouvriers.

Dans les années 1970, l'humanité a commencé à consommer les ressources renouvelables plus rapidement que la Terre ne pouvait les régénérer. Quarante ans plus tard, la situation a empiré et nous utilisons aujourd'hui en une année l'équivalent d'une planète et demie pour subvenir à nos besoins.

Comment obtenir une idée globale de la consommation mondiale et de son impact sur la planète ? Comment additionner ou comparer des choses aussi différentes que des surfaces agricoles et des besoins en énergie ? Pour ce faire, le chercheur suisse Mathis Wackernagel a mis au point un indicateur : l'« empreinte écologique ». Celle-ci ramène les ressources utilisées pour se nourrir, se déplacer, se loger, se chauffer, éliminer ses déchets… à la surface de terre et de mer nécessaire à assurer ces besoins. Il donne donc un équivalent en hectares.

Calculer l'empreinte écologique d'un produit, d'une personne, d'un pays ou de l'humanité tout entière devient alors possible. Par exemple, l'empreinte d'une portion d'ananas en restauration collective est de 0,50 m² s'il est transporté par bateau, mais de 3,50 m² s'il vient en avion, tandis que l'empreinte d'une pomme locale est d'environ 0,01 m². Sur l'année, l'empreinte moyenne d'un Américain est de 9,5 hectares, celle d'un Européen de 5 et celle d'un Togolais de moins de 1.

Si l'on calcule l'ensemble des ressources disponibles sur Terre et que l'on divise ce chiffre par la population mondiale, chaque être humain pourrait théoriquement disposer de 1,8 hectare pour satisfaire ses besoins. On voit combien nous sommes loin du compte en Occident. Si le mode de vie des pays riches, caractérisé par une hyperconsommation, était généralisé à l'ensemble de l'humanité, il faudrait alors l'équivalent de 5 planètes.

Chaque année l'empreinte planétaire augmente parce que notre consommation croît ainsi que la population. Ce n'est évidemment pas tenable. Il faut donc trouver une manière de consommer moins ou de produire en utilisant moins de ressources – tout en vivant mieux.

J422

L'URBANISATION DU MONDE

— Plus de 50 %
de la population mondiale
vit désormais en ville.

Des immeubles résidentiels sur la péninsule de Kowloon à Hong Kong, Chine. La densité urbaine moyenne est de 907 habitants par kilomètre carré. Mais, à Hong Kong, elle atteint 5 179.

L'urbanisation rapide du monde est sans doute l'une des transformations les plus profondes de notre société. Elle s'est accélérée au XXe siècle puisque la population des villes est passée de 13 % en 1900 à 50 % en 2007. Alors qu'elle représentait 220 millions de personnes en 1900, elle en compte aujourd'hui 3,5 milliards. La population de l'Europe, de l'Amérique et de l'Océanie est déjà urbaine à plus de 70 %. Celle de l'Afrique et de l'Asie l'est moins (environ 40 % d'urbains), mais devrait l'être à plus de 50 % d'ici à 2030.

Cette transformation s'est accomplie en grande partie en raison de l'exode rural. Dans les pays du Nord, la migration des habitants des campagnes vers les villes a débuté dès le XVIIIe siècle. Aujourd'hui, elle concerne essentiellement les pays du Sud. Selon les Nations unies, la moitié de la croissance des villes dans les pays en développement est liée à ce phénomène, qui coïncide avec l'explosion démographique dans les pays du Sud (l'Afrique est passée de 302 millions d'habitants en 1975 à 922 millions en 2005). La croissance extrêmement rapide de certaines villes pose évidemment des problèmes de gestion considérables. La ville de Dacca au Bangladesh, par exemple, est passée de 300 000 habitants en 1950 à 14 millions en 2009.

L'urbanisation amène une transformation profonde des modes de vie. Et, au-delà des diversités culturelles et sociales, un trait commun est celui de l'augmentation de la consommation de produits manufacturés. Même si l'extrême pauvreté côtoie les plus grandes richesses, elle a souvent pour corollaire le développement d'une classe moyenne qui a accès à un téléphone, un téléviseur, un ordinateur, un lave-linge et un réfrigérateur. L'extension du nombre de consommateurs s'effectue ainsi surtout dans les pays en développement, et en particulier en Inde et en Chine.

Les effets néfastes de la production industrielle de masse sont connus : pollution, réchauffement climatique, gaspillage et épuisement des ressources. D'autant plus que l'illusion de l'abondance de ces dernières ne fera pas long feu.

LE COMMENCEMENT DE LA FIN

— Les ressources – comme le pétrole – commencent à manquer, mais il est difficile de prévoir leurs échéances.

Une fillette transporte des pierres sur le chantier d'une route, Pakistan. Dans ce pays, la moitié des ouvriers travaillant sur des chantiers routiers sont des femmes. Ce pays dispose de ressources minières variées.

« Le temps du monde fini commence », écrivait Paul Valéry en 1931. Aujourd'hui, l'épuisement et la raréfaction des ressources naturelles nous montrent combien les mots du poète français étaient prémonitoires.

Sur Terre, la grande majorité des ressources ne sont pas renouvelables à notre échelle. C'est le cas du pétrole, dont la formation a nécessité des millions d'années et que nous consommons en quelques siècles. Certains estiment ainsi que nous avons d'ores et déjà franchi le pic pétrolier, c'est-à-dire le moment où la production mondiale de pétrole est arrivée à son maximum et où elle va commencer à décroître. C'est aussi le cas des métaux. Même s'ils sont en théorie recyclables, dans la pratique, ce n'est pas toujours le cas – comment, par exemple, récupérer le zinc qui se trouve dans les dentifrices ou le coltan présent dans les peintures ? Il ne resterait ainsi que de 10 à 20 ans de production pour l'antimoine, le zinc et l'étain, et de 30 à 60 années pour le nickel et le cuivre.

Difficile de prévoir avec précision les échéances, mais ce qui est sûr, c'est qu'à force de puiser dans les réserves, elles viendront un jour à manquer. Pour autant, la fin de telle ou telle ressource ne correspondra pas à un brusque effondrement, mais ressemblera plutôt à une lente agonie. Pour reprendre l'exemple du pétrole, la pénurie favorise l'augmentation des prix et encourage les mesures qui tendent à limiter sa consommation (économies d'énergie et énergies alternatives). Les prix élevés permettent d'exploiter des gisements plus difficiles d'accès – en grande profondeur ou avec des techniques plus complexes, comme les sables bitumineux du Canada.

Il n'y a plus de nouveau continent à découvrir : trouver de nouveaux gisements sur notre planète déjà arpentée de long en large est de plus en plus difficile et coûteux. C'est aussi plus dangereux pour l'environnement : la marée noire dans le golfe du Mexique en 2010 a montré qu'à force de vouloir forer toujours plus profond, l'homme prend le risque de catastrophes écologiques majeures.

LA FOLIE DES TRANSPORTS

— Les déplacements des personnes et des produits prennent des proportions de plus en plus considérables.

La station Châtelet, l'une des plus fréquentées du métro parisien, un jour de grève, France.
En moyenne, 4 millions de personnes empruntent chaque jour le métro à Paris.

Embouteillages, affluence massive dans les transports en commun : à New York, Paris ou Lagos, c'est partout le même spectacle aux heures de pointe. Rien qu'aux États-Unis, les bouchons ont fait perdre 4,8 milliards d'heures et ont consommé plus de 14 milliards de litres de carburant en 2009 ! Presque 50 % de plus qu'en 2000.

En raison d'une urbanisation qui sépare toujours davantage les zones résidentielles des zones industrielles ou commerciales, de plus en plus de personnes perdent leur temps chaque jour dans les transports pour se rendre à leur travail et en revenir. Tous ces mouvements s'accompagnent de bruit, de pollution de l'air, de stress, d'encombrement des rues.

À l'échelle de la Chine, les déplacements prennent des proportions gigantesques. Chaque année, à l'occasion des fêtes du Nouvel An, les travailleurs qui ont quitté leur campagne pour trouver un emploi retournent dans leur province d'origine. Plus de 120 millions de personnes se déplacent en même temps dans ce qui est la plus grande migration humaine. Et un cauchemar logistique pour les autorités chinoises.

Quand ce n'est pas le travail, ce sont les loisirs : le tourisme encourage les transports aériens qui ont pris en charge en 2009 plus de 2,4 milliards de passagers ! Et quand ce ne sont pas les personnes qui se déplacent, ce sont les produits qui viennent des quatre coins du monde. Même les objets les plus anodins voyagent sur des distances considérables. Une étude célèbre a calculé que les éléments nécessaires pour faire un yaourt aux fruits cumulaient 9 000 km de déplacement !

Aujourd'hui, l'essentiel des déplacements motorisés se font avec des moteurs thermiques qui utilisent ce que l'on appelle parfois l'« or noir ». Mais celui-ci sera un jour ou l'autre épuisé. Demain, les véhicules électriques pourraient prendre la relève dans certains cas, mais il faudrait aussi penser à une autre organisation de la société qui retrouve un lien avec le local.

Mairie des Lilas
DIRECTION
MAIRIE DES LILAS
DEPART

LA PRODUCTION CÉRÉALIÈRE AUGMENTE ET LA FAIM AUSSI

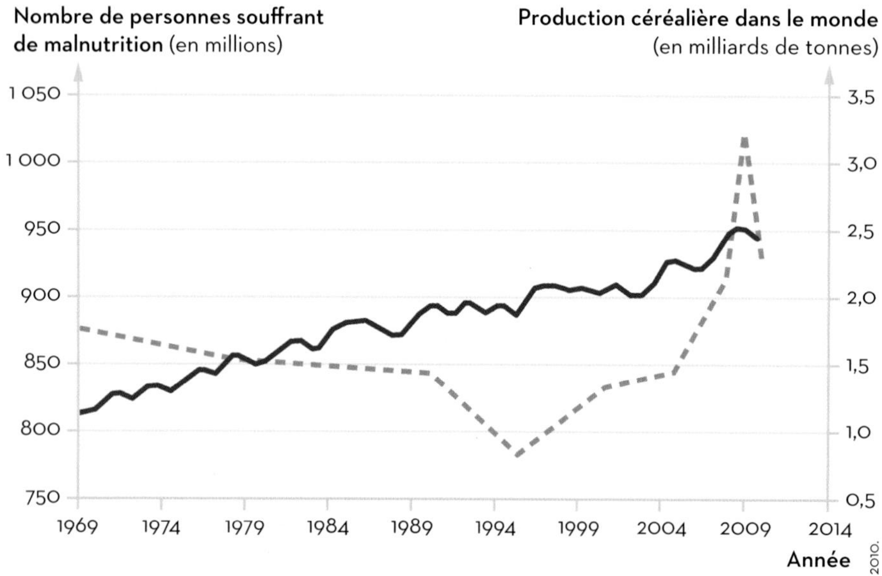

Évolution de la production de céréales et du nombre de personnes souffrant de malnutrition entre 1969 et 2010

- - - Personnes souffrant de malnutrition —— Production céréalière mondiale

Source : FAO, 2010.

[Ci-contre]
En 40 ans, la production alimentaire mondiale a été multipliée par 4. Pourtant, le nombre de personnes qui souffrent de la faim remonte alors que, dans les années 1990, il avait légèrement diminué. Car, si la situation s'améliore en Asie, elle se détériore en Afrique.

[Page de droite]
L'empreinte écologique mesure les ressources utilisées pour se nourrir, se déplacer ou se loger en les ramenant aux surfaces de terre et de mer qui sont nécessaires pour pouvoir le faire.
Chaque être humain disposerait théoriquement de 1,8 hectare. On voit combien nous sommes loin du compte en Occident. Si le mode de vie des pays riches, caractérisé par l'hyperconsommation, était généralisé partout dans le monde, il faudrait l'équivalent de 5 planètes pour satisfaire tous les besoins.

L'EMPREINTE ÉCOLOGIQUE DE L'HOMME

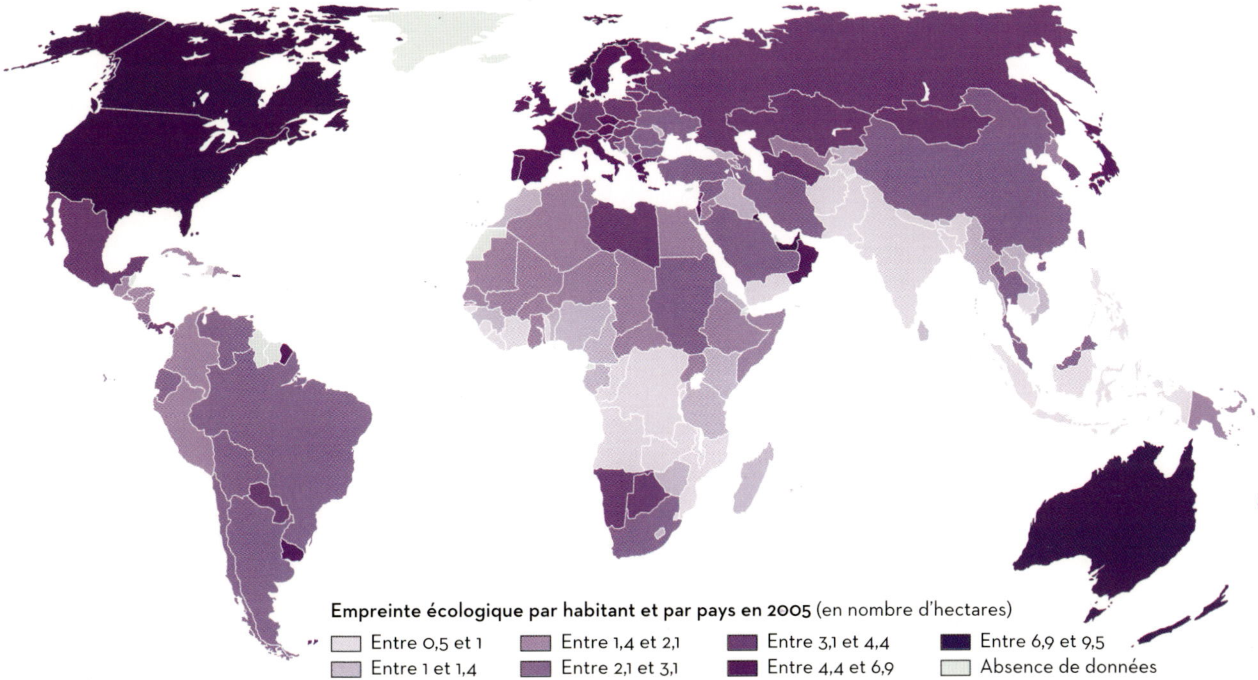

Source : Living Planet Report Global footprint netwoork, WWF, 2008 (données 2005).

4

CRISES

« Le prince ne doit pas craindre
de n'avoir pas une
population nombreuse,
mais de ne pas avoir
une juste répartition des biens. »

CONFUCIUS
Philosophe chinois

ABOLIR LA FAIM DANS LE MONDE MAINTENANT

[Pages précédentes]
Décharge de Mbeubeuss à Dakar, Sénégal. Les 1300 tonnes de déchets qui y arrivent chaque jour représentent un problème de gestion, mais sont une ressource pour les milliers de « récupérateurs » à la recherche de matériaux pour gagner leur vie.

L'origine de la faim dans le monde n'est pas liée à un manque de nourriture. Condorcet, contrairement à Malthus, croyait que l'ingéniosité humaine serait capable de satisfaire les besoins alimentaires d'une population croissante et que l'humanité ne serait plus soumise au cycle infernal des famines. Il avait raison. Personne n'imaginait alors que notre planète serait capable de satisfaire les besoins de près de 6,8 milliards d'êtres humains.

Un milliard de personnes souffre encore de la faim à cause de politiques mal adaptées. Les régions du monde où sévit la malnutrition se superposent à celles où règnent des conflits et où les États sont défaillants. Les changements climatiques aggravent la vulnérabilité des petits agriculteurs. Alors que les catastrophes naturelles sont de plus en plus fréquentes, leur impact économique, social et environnemental se révèle de plus en plus important. Au-delà des actions d'urgence, essentielles pour porter secours aux victimes, la sécurité alimentaire exige des réformes à long terme, à la fois profondes et globales. Elles concernent aussi bien la production que la distribution, les prix des denrées, la recherche et le développement. L'augmentation des prix des denrées est souvent brutale et non prévisible. Les plus pauvres n'ont en général ni les capacités d'organisation ni les moyens financiers d'anticiper la variabilité des prix. La mise en place, au niveau international, de mécanismes de stabilisation des prix des matières premières est donc cruciale. Elle passe notamment par l'établissement de stocks de céréales. Alors que la politique de subventions des pays riches à leurs propres agricultures a des effets indiscutables sur les marchés, il faut aussi développer des politiques de commerce plus équitables vis-à-vis des pays les plus pauvres.

Face aux nouveaux enjeux du changement climatique, la recherche agronomique mérite d'être considérée comme un bien public mondial. Ses bénéfices doivent avant tout aller à ceux qui produisent les denrées. Il faut davantage de recherche pour soutenir la petite agriculture au Sud. De nouvelles règles de régulation doivent être instaurées pour faire émerger, aux côtés des grandes entreprises agroalimentaires, des entreprises locales capables de produire des génériques et des semences pour le marché local.

La connaissance et son partage sont aussi déterminants pour lutter contre la faim. Dans le monde entier, des agriculteurs, des entrepreneurs inventent de nouvelles pratiques agricoles, créent de nouveaux savoirs qui permettent de sortir de la pauvreté. Pourtant ces savoirs sont loin d'être tous transmis et diffusés. Le système d'intensification de la culture du riz mis en pratique à Madagascar et qui permet de doubler la production, pourrait ainsi s'implanter en Afrique. Encore faut-il que cette pratique soit connue. Il faut encourager la création de plates-formes numériques d'échanges des bonnes pratiques.

La bataille contre la faim se gagnera si les pertes de nourriture tout au long de la chaîne de production et de distribution sont réduites au maximum. Il faut donc améliorer les moyens de stockage, de conservation et de transport. L'agriculture vivrière des pays les plus pauvres doit être réhabilitée et devenir complémentaire d'une agriculture d'exportation voire prioritaire sur elle.

L'amélioration de la productivité des petites exploitations familiales, seule solution durable pour sortir de la pauvreté des centaines de millions d'agriculteurs, passe enfin par un changement des politiques agricoles menées par de nombreux pays.

L'éradication de la faim n'est pas une utopie. Des solutions existent. C'est plus que jamais une cause d'intérêt universel. L'agriculture africaine doit redevenir une priorité de l'aide internationale.

ISMAIL SERAGELDIN
Directeur de la Bibliothèque d'Alexandrie
Professeur titulaire de la chaire Savoirs contre pauvreté-AFD du Collège de France

DOV ZERAH
Directeur de la Bibliothèque d'Alexandrie
Directeur général de l'Agence française de développement (AFD)

ÇONFLITS À VENIR

— Le manque de ressources menace la paix sur la planète mais ne mène pas forcément à des guerres.

Affrontement à l'arc et aux flèches entre Masai et Kalenjin sur la colline Kapune, Kenya.
Depuis les élections locales en 2007, les tribus Masai, Kalenjin et Kisii s'affrontent pour la possession de la terre.

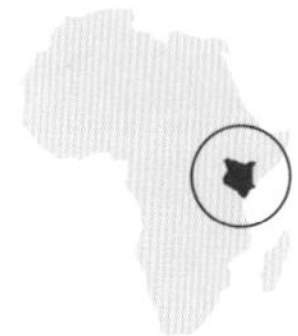

La pénurie de ressources suscite convoitises et rivalités. En 2010, 80 des 363 conflits recensés dans le monde étaient liés aux ressources naturelles. D'intensité variée, de la simple tension à la guerre ouverte, ils prenaient place sur tous les continents, mais touchaient majoritairement les pays en développement.

De tels conflits ne sont pas nouveaux : les conquêtes coloniales visaient, entre autres, l'appropriation de matières premières. Quand le pétrole, les métaux ou les pierres précieuses, ou même le bois ne suscitent pas directement les conflits ou les coups d'État, ils en sont néanmoins un enjeu car ils permettent leur financement.

Pour autant, le pire est évitable. C'est ce que montre l'exemple de l'eau, une ressource qui commence à manquer presque partout sur la planète et qui est indispensable aux hommes, à l'agriculture, mais qui sert aussi à produire de l'électricité et est utilisée dans la plupart des processus industriels.

Alors que la consommation croît, les ressources sont menacées par la pollution et le réchauffement climatique ; les tensions vont se créer ou s'exacerber. En particulier dans les régions les plus touchées comme l'Afrique, le Moyen-Orient et l'Asie centrale.

D'autant plus que l'on compte 261 bassins fluviaux partagés par deux ou plusieurs pays – ils couvrent 45 % des surfaces émergées (sans compter l'Antarctique). Plus récemment, des conflits naissent du partage de l'eau des grands aquifères transfrontaliers, une ressource souterraine de plus en plus exploitée.

Pourtant, si l'environnement attise les conflits, il peut aussi être une source de pacification. Les guerres de l'eau n'ont ainsi pas eu lieu – pour l'instant. Sur tous les continents, la nécessité impérieuse que chacun ressent de disposer de cette ressource a plutôt incité les parties à trouver des compromis. Des organismes de gestion commune se sont créés sur le Nil ou le Mékong, par exemple. Et au plus fort des guerres qui opposaient l'Inde et le Pakistan, les deux pays n'ont pas interrompu le financement des travaux d'aménagement sur le fleuve Indus qu'ils menaient en commun.

AGORAPHOBIE

— La surpopulation n'est pas un problème d'espace mais un problème de ressources.

Des réfugiés quittent Kibati en direction de leur village au nord de la province de Goma, République démocratique du Congo. Les conflits ont forcé des centaines de milliers de personnes à se déplacer.

L'idée de surpopulation évoque une étouffante proximité ; elle connote, de manière presque agoraphobique, la notion de densité humaine élevée. Pourtant, cette idée est trompeuse. En effet, si les 7 milliards d'habitants que compte la planète se tenaient debout côte à côte, ils n'occuperaient pas une surface plus grande que celle de l'aire urbaine de Los Angeles. La densité humaine sur terre est de l'ordre de 45 habitants/km². Ce qui est extrêmement peu en regard de la densité d'une grande ville comme Paris – qui dépasse 20 000 habitants/km².

Alors que la majorité de la population vit en ville, les citadins se concentrent sur 2,7 % des terres émergées. Mais, paradoxalement, alors que la population des villes augmente, la densité de celles-ci diminue : les villes s'étalent. Au début des années 2000, c'étaient ainsi chaque jour 275 hectares de sols qui étaient artificialisés au sein de l'Union européenne, soit 1 000 km² par an recouverts d'asphalte ou de béton, de routes, de maisons... Le rythme a légèrement décru depuis, pour passer à 252 hectares par jour.

Les routes qui relient les villes coupent les espaces naturels. Notre alimentation, l'énergie ou les matériaux que nous consommons nécessitent des ressources qui doivent être acheminées de plus en plus loin. Une ville comme Los Angeles puise ainsi son eau potable dans le fleuve Colorado, éloigné de 390 km ; les supermarchés proposent des produits qui viennent des quatre coins du monde. Avec le commerce mondial, la ville étend son emprise au-delà de ses limites physiques, dans les campagnes environnantes et aussi, désormais, sur toute la planète.

Loin d'être un problème, la densité représente plutôt une solution : en concentrant dans un espace restreint les hommes et leurs activités polluantes, elle permet de maintenir vierges certains espaces naturels. Ainsi, le problème de la surpopulation n'est pas tant un problème d'espace qu'un problème de ressources : il s'agit de trouver de quoi décemment nourrir, loger, etc. la population. À condition de savoir vivre ensemble.

11
ISPO

CONCENTRATION FATALE

— Les catastrophes naturelles tuent plus que les conflits armés. En partie parce que les zones à risques sont aussi les plus densément peuplées.

Une victime des inondations liées à la mousson dans le village de Shah Jamal, Pakistan. Selon le gouvernement, 14 millions de Pakistanais sont menacés directement ou indirectement par des crues meurtrières comme celle-là.

3,4 milliards de personnes dans le monde sont aujourd'hui exposées à un risque de catastrophe naturelle. Soit une personne sur deux environ. Tsunamis, séismes, inondations, avalanches, glissements de terrain, la liste est longue. Chaque année, 211 millions de personnes sont ainsi affectées, soit près de cinq fois plus que pour les conflits armés, selon les Nations unies. L'augmentation du nombre de désastres est associée en partie au changement climatique, mais le nombre plus élevé de victimes s'explique surtout par la concentration de toujours plus d'individus dans les zones à risque.

Le tremblement de terre qui a ravagé Haïti au début de l'année 2010 a ainsi fait plus de 200 000 morts, tandis que le séisme cent fois plus violent qui a frappé le Japon, un pays beaucoup mieux préparé, faisait dix fois moins de morts en 2011 alors qu'il était accompagné d'un tsunami. Le contexte social détermine en grande partie les conséquences d'une catastrophe.

Avec plus de 1 000 habitants/km², le Bangladesh est, quant à lui, l'un des pays les plus densément peuplés au monde. Traversé par plus de 200 cours d'eau et avec la majorité de son territoire à moins de 12 m au-dessus du niveau de la mer, c'est aussi l'un des plus exposés aux effets du changement climatique. Les pays riches ne sont pas épargnés non plus : le tsunami qui a ravagé le Japon en 2011 l'a rappelé, et la Californie vit dans la crainte du *Big One*, le séisme des séismes, qui pourrait dévaster l'État traversé par une faille géologique.

Outre la vulnérabilité aux catastrophes naturelles, la concentration de toujours plus d'individus favorise aussi la diffusion et la propagation des maladies. Depuis la grippe espagnole au début du XXe siècle jusqu'à l'épidémie de SRAS qui a touché la Chine en 2003, les exemples ne manquent pas. Pourquoi donc des millions de personnes continuent-elles à s'installer dans les zones à risques ? Parce qu'elles n'ont pas le choix. Ces zones sont celles où l'on peut trouver emploi, richesse, sociabilité… – autant d'attraits qui interagissent dans une spirale menant à la densification.

RÉFUGIÉS CLIMATIQUES

— Le réchauffement climatique va provoquer d'importants déplacements de populations, même s'il est difficile de les évaluer avec précision.

Un conseil des ministres exceptionnel sous l'eau en octobre 2009 pour dénoncer l'effet du réchauffement climatique, Maldives.
La plus grande part de ces îles ne s'élève pas à plus de 1 mètre au-dessus du niveau de la mer et sera inhabitable d'ici 100 ans.

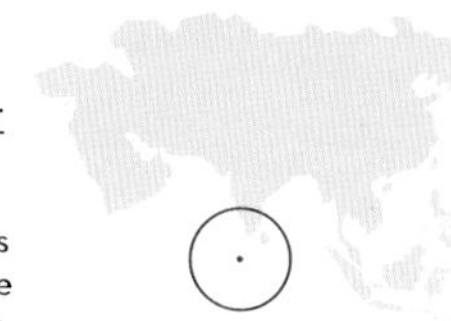

Avec la montée prévisible du niveau des mers, la population de la plupart des États insulaires de la planète est menacée : les Maldives culminent à 3,5 m d'altitude, Tuvalu à 4 m. Ils pourraient disparaître sous les flots. Mais ce ne sont pas les seuls : un grand nombre de villes sont situées en bord de mer. C'est le cas de New York, de Shanghai… Les grands deltas du Nil, du Mékong et du Gange abritent des millions de personnes et sont eux aussi menacés. Au Bangladesh, si le niveau de la mer s'élevait de 1 mètre, 20 % à 30 % du territoire serait englouti et des dizaines de millions de personnes devraient fuir.

Avec le réchauffement climatique, les sécheresses, les inondations et les tempêtes vont se multiplier ou devenir plus intenses. Même loin des côtes, d'autres personnes vont devoir quitter leur maison pour devenir des migrants de l'environnement, des « écoréfugiés ». Au total, le changement climatique pourrait entraîner jusqu'à 200 millions de réfugiés d'ici à 2050.

Il est toutefois difficile de distinguer les personnes qui migrent pour des raisons environnementales de celles qui le font pour des raisons sociales ou économiques, tant les choses sont liées. C'est le cas des paysans dont les récoltes, et donc les revenus, diminuent du fait du changement climatique. De plus, lorsque des crises environnementales majeures surviennent, par exemple une sécheresse catastrophique comme celle qui a ravagé le Sahel dans les années 1970, les personnes touchées sombrent dans un tel dénuement qu'elles n'ont parfois même plus les moyens de s'enfuir. Elles se déplacent de quelques dizaines de kilomètres, quelques centaines tout au plus. Si ces gens restent à l'intérieur de leur pays, ils deviennent des déplacés et non des réfugiés.

Quoi qu'il en soit, les changements climatiques vont certainement provoquer des déplacements de plus en plus importants. Or, le statut d'écoréfugié n'est pas pris en compte en tant que tel par les conventions de Genève relatives au statut des réfugiés, ce qui ne facilite pas leur sort.

Uz. Hassan Latheef
Dr. Ibrahim Didi
Minister of Fisheries and Agriculture

LES VILLES-CHAMPIGNONS

__ Comme Lagos au Nigeria, de nombreuses villes ont vu leur population multipliée par 10, 20 ou 30 en quelques décennies.

Terminal de bus de Oshodi à Lagos, Nigeria. Il n'est pas facile de se frayer un chemin pour les piétons dans la ville la plus chaotique et la plus dense d'Afrique subsaharienne, où vivent environ 14 millions de personnes.

En 1975, on dénombrait 3 villes de plus de 10 millions d'habitants : Tokyo, New York et Mexico. En 2009, on en comptait 21. Plus de la moitié de ces mégapoles se trouvent dans des pays en développement et ont connu une véritable explosion démographique. Parmi elles, Lagos au Nigeria illustre le phénomène des « villes-champignons ».

En 1950, elle comptait 325 000 habitants, soit à peu près autant que la ville de Nice aujourd'hui. Mais, avec le boom pétrolier des années 1970, sa population a explosé. Originaires des quatre coins du pays mais aussi de toute l'Afrique, des centaines de milliers de migrants sont venus à Lagos dans l'espoir d'y trouver un emploi. Résultat, la ville compte désormais environ 14 millions d'habitants et, chaque année, ce sont près de 300 000 nouveaux arrivants qui viennent grossir les rangs de la ville la plus peuplée de l'Afrique subsaharienne.

Construite sur une lagune et historiquement située sur l'île de Lagos, la ville s'étend à présent sur les îles avoisinantes et sur le continent tandis que des bidonvilles sur pilotis fleurissent un peu partout. Deux personnes sur trois y vivent dans la plus grande misère, sans électricité ni eau potable, sans système de traitement des déchets ni accès aux services de santé.

Lagos a grandi trop vite. Le contrecoup du boom pétrolier, l'effondrement des services publics et l'absence de schéma d'aménagement urbain l'ont transformée en ville chaotique. À tel point que le gouvernement nigérian a déménagé à Abuja, une ville plus au nord.

Le maire de la ville – largement réélu en 2011 – a été acclamé pour avoir remis en place des lignes de bus, facilité la circulation et restauré un peu de sécurité. Si l'urbanisation est parfois un facteur de progrès social, il faut des politiques publiques fortes pour éviter que la croissance démographique ne débouche sur la prolifération des bidonvilles, des inégalités – bref de la misère. C'est de cette bonne gouvernance que le monde a besoin, et en particulier l'Afrique.

T T
C C
60 60

LES BANLIEUES DU MONDE

— Les banlieues poussent autour des villes, mais elles découragent la mixité sociale et sont beaucoup moins écologiques que les villes.

Zone pavillonnaire à Chiangmai, Thaïlande.
Les banlieues pavillonnaires rassemblent les individus selon leur niveau économique et social, et uniformisent le paysage.

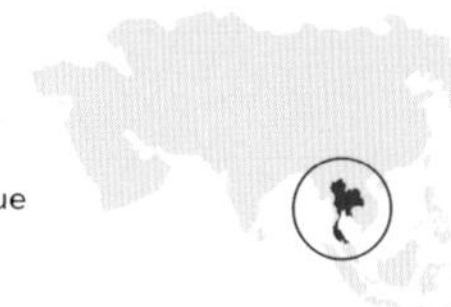

Tout autour des villes se développent des espaces urbanisés différents, protéiformes et souvent mal compris : les banlieues. Elles représentent déjà 7 % du territoire français et on dénombrait, avant le récent crack immobilier, une maison construite toutes les 20 minutes dans la banlieue de Los Angeles.

Les banlieues englobent une grande diversité de situations et de populations, mais elles se définissent comme l'espace résidentiel qui entoure une ville et en dépend. En France, la notion est péjorative, car c'est en banlieue que se trouvent les cités qui ont servi à accueillir les immigrés dans l'après-guerre. Ces zones souffrent d'un manque d'intégration et de mixité.

Pourtant, certaines banlieues françaises sont très favorisées. Elles se rapprochent de ce que l'on appelle les *suburbs* aux États-Unis : des banlieues pour classes moyennes ou aisées. En Amérique, ces ensembles de pavillons s'étendent à perte de vue et sont animés par la culture de l'automobile, nécessaire pour parcourir les distances importantes séparant désormais les lieux de travail et de résidence.

Ces banlieues aisées s'isolent de plus en plus de la ville. Elles vont parfois jusqu'à mettre en place des systèmes de clôture et de surveillance contre les intrusions, ce qui fait de ces banlieues des ghettos. La ségrégation qu'elles génèrent est encore plus accentuée dans les pays aux fortes inégalités sociales. La ville, qui trouvait une partie de sa richesse dans la diversité, perd ainsi de son dynamisme.

Socialement contre-productives, les banlieues résidentielles sont aussi écologiquement négatives. Elles apparaissent plus vertes avec leurs jardins, mais conduisent en fait à une augmentation de l'artificialisation des sols (routes, réseaux électriques et d'eau). Elles s'accompagnent d'une augmentation des déplacements et des dépenses énergétiques : il faut plus d'énergie pour chauffer des pavillons que des immeubles. Paradoxalement, la concentration humaine des villes, qui rend palpable la pollution et autres nuisances, agit donc aussi comme un facteur positif.

LA FAUTE AUX RICHES

— Les plus riches polluent plus car ils consomment plus, se déplacent plus, jettent plus...

L'homme le plus riche du monde au côté de l'inventeur du microcrédit en 2008 à Mexico, Mexique. Le Mexicain Carlos Slim Helú et le prix Nobel de la paix Muhammad Yunus ont annoncé ensemble un projet pour favoriser le microcrédit dans le pays.

Une maison de 500 m², même bien isolée, nécessite plus d'énergie qu'un appartement de 50 m² avec un système de chauffage obsolète. Une semaine de vacances pour quatre dans un camping consomme beaucoup moins que quelques voyages autour du monde pour globe-trotteurs de luxe – même en faisant attention à son empreinte écologique.

Pour autant, il faut se méfier des raccourcis sur les oppositions Nord-Sud : les riches ne sont pas forcément ceux que l'on croit. La première fortune du monde – près de 74 milliards de dollars – est détenue par le Mexicain Carlos Slim Helú, devant Bill Gates. Quatre des dix hommes les plus riches du monde, dans le classement publié par la revue *Forbes* en 2011, viennent des pays en développement que sont le Mexique, l'Inde et le Brésil. Aliko Dangote, homme le plus riche d'Afrique, possède 14 milliards de dollars, soit plus de 5 % du PIB de son pays, le Nigeria. Quant aux familles et aux proches des anciens dictateurs égyptien et tunisien, leur immense fortune est toujours en cours d'évaluation.

Même dans les pays en développement, où les inégalités sont souvent encore plus criantes qu'en Occident, quelques personnes peuvent posséder des richesses immenses et avoir plus d'impact qu'une grande partie de leurs concitoyens. La manne que pourraient apporter les ressources de sous-sols souvent très riches ne bénéficie pas à l'ensemble de la population. Au contraire, elle contribue souvent au népotisme et à la corruption.

À côté de ces immenses richesses, plus de 1,4 milliard d'individus vivent avec moins de 1,25 dollar par jour, le seuil de l'extrême pauvreté. Ce sont eux qui souffrent le plus des conséquences de problèmes environnementaux. Ce sont eux qui boivent l'eau polluée, qui habitent les zones inondables les plus vulnérables au réchauffement climatique.

La protection de l'environnement n'est pas un luxe pour nantis ; c'est une question sociale profonde qui concerne toute la société.

LA FIN D'UN MONDE

__ La surpêche dépeuple rapidement les océans, alors qu'ils nous offrent gratuitement une ressource renouvelable.

Le festival de pêche Argungu à Kebbi, Nigeria. Plus de 30 000 pêcheurs venus de tous les pays d'Afrique de l'Ouest participent à la finale.

Certains chalutiers peuvent mesurer 170 m, contenir un volume équivalent à 12 Boeing 747 et leurs lignes peuvent atteindre 120 km de long. Le chalutage des fonds marins utilise d'immenses filets lestés de plaques de métal qui chaque année raclent et détruisent les fonds marins sur une surface égale à deux fois celle des États-Unis. Sonars, avions et même satellites sont désormais utilisés pour localiser les bancs de poissons qui n'ont aucune chance face aux techniques modernes !

La surpêche est ainsi en train de détruire les écosystèmes marins à une échelle sans précédent. Un tiers des stocks de poissons est déjà surexploité et la moitié est exploitée au maximum de ses capacités. 90 millions de tonnes de poissons sont pêchés chaque année – quatre fois plus qu'il y a 50 ans. Des espèces entières disparaissent et, aujourd'hui, les spécialistes redoutent que le drame de la morue de l'Atlantique Nord ne se reproduise à l'échelle de la planète. Dans les années 1990, ce poisson extrêmement abondant au large du Canada avait été pêché jusqu'à disparaître. La fin de la morue avait d'ailleurs condamné au chômage les dizaines de milliers de pêcheurs qui avaient causé sa perte.

Quant à l'aquaculture, qui représente déjà près de 50 % de la production mondiale, elle ne constitue malheureusement pas une réponse. En effet, l'essentiel des poissons élevés sont carnivores : il faut donc les nourrir avec d'autres poissons – 4 à 5 kg par kilo de saumon produit… Par ailleurs, l'élevage à grande échelle des poissons pose des problèmes environnementaux similaires à ceux de l'élevage bovin ou porcin tels que pollution des milieux et problèmes sanitaires ou de bien-être animal.

Pourtant, les poissons se reproduisent naturellement : ils constituent une ressource renouvelable et il suffirait d'en prélever un nombre raisonnable pour pouvoir le faire durablement. La surpêche est en train de dépeupler les océans et offre ainsi une métaphore bien noire de notre attitude à l'égard de la planète : notre appétit démesuré est en train de tuer la poule aux œufs d'or.

LE PRIX DE LA LIBERTÉ

— L'anonymat de la grande ville, c'est à la fois plus de liberté et plus de solitude.

Une école pour enfants de migrants des provinces à Feixi, Chine. L'éducation est l'un des principaux facteurs d'intégration sociale.

L'anonymat constitue l'une des caractéristiques les plus communes de la vie moderne dans les grandes métropoles. On croise son voisin dans l'escalier sans savoir qui il est. Dans la rue, tout le monde est un étranger. On se connaît de moins en moins et le rôle de la communauté diminue par rapport à ce qu'il était dans les petites villes ou les villages.

Cette situation offre plus de liberté aux minorités (sexuelles, religieuses, ethniques…) ; elle leur permet de se regrouper et de vivre comme bon leur semble, sans la pression du groupe. Mais elle encourage aussi l'indifférence, qui peut aller jusqu'à l'éviction mentale des catégories les plus défavorisées : la femme de ménage, qui nettoie le bureau d'un cadre avant ou après sa journée de travail, peut devenir transparente. L'indifférence envers son prochain va parfois jusqu'à laisser mourir des voisins : la canicule de 2003 en Europe a tué près de 70 000 personnes, en grande partie des personnes âgées privées de contacts avec leurs proches. Même chose pour les sans domicile fixe en hiver, à tel point qu'il a fallu que des associations installent des tentes dans Paris pour rappeler leur existence à de nombreux Parisiens.

L'anonymat de la grande ville a aussi pour conséquence l'augmentation de la solitude. D'autant plus que le stress ou la trop grande promiscuité conduit souvent les gens à se refermer sur eux. Dans les transports en commun, baladeurs, jeux vidéo et téléphones portables sont autant de refuges qui participent à l'isolement.

La logique de la déshumanisation a ses limites : le métro de Lille, premier à être entièrement automatisé, a dû embaucher des agents de proximité pour créer une présence humaine et faire face au sentiment d'insécurité lié à la déshumanisation.

C'est sans doute une leçon pour la ville de demain qui devra parvenir à recréer du lien. L'essor des nouveaux modes de sociabilité par Internet reflète le manque actuel de convivialité que chacun peut ressentir à sa manière. Saura-t-il le combler ?

PUBLICITÉ MENSONGÈRE

— La société de consommation nous pousse à consommer toujours plus et tente de nous faire croire que cela nous rend heureux.

Parade de carnaval sur le Sambodrome à Rio de Janeiro, Brésil. Les chars les plus extravagants défilent lors de cet événement culturel mondial qui a requis une année de préparatifs et ne dure que quelques jours.

Chaque année, environ 400 milliards d'euros sont dépensés en publicité dans le monde, soit 1 % environ du PNB mondial. Chaque jour des centaines de publicités, que ce soit dans la rue, dans les transports ou dans les médias, nous interpellent. Nous passons 3 ou 4 heures par jour devant des programmes de télévision régulièrement interrompus par de la publicité. La presse et Internet en sont remplis.

Si la publicité n'était pas efficace, les entreprises ne dépenseraient pas autant d'argent pour elle. En 2010, 1,6 milliard de téléphones portables, 70 millions de véhicules, 350 millions d'ordinateurs et 65 millions de consoles de jeux ont été achetés dans le monde. La publicité encourage des actions nocives (comme fumer des cigarettes) et réduit trop souvent les êtres humains, et en particuliers les femmes, à des objets. Logos et slogans commerciaux envahissent la vie quotidienne dès le plus jeune âge. À tel point que, selon une étude menée en 2002, les enfants britanniques étaient capables d'identifier davantage de Pokémon que d'espèces animales communes.

La société de consommation dans laquelle nous vivons fait de l'acte de consommer un acte quotidien et normal. Elle suscite sans cesse de nouveaux besoins et encourage l'obsession de la croissance. La publicité véhicule tout un ensemble de messages qui tentent de faire croire que, plus on consomme, plus on sera heureux et plus on aura réussi socialement.

Un certain confort matériel est bien entendu indispensable et permet l'épanouissement des esprits, en libérant de l'angoissante quête pour la survie. Mais, aujourd'hui, de nombreuses études montrent qu'au-delà d'un certain niveau de vie notre société de consommation génère en fait insatisfaction et désespoir, en plus de l'évidente frénésie anti-écologique associée au « toujours plus ».

Pourtant, comme toutes les sociétés, notre société de consommation n'est ni naturelle ni éternelle. C'est une construction culturelle amenée à changer. Et c'est à nous de réfléchir à la direction que nous voulons lui faire prendre.

Brad
CAMERA
CAMERA
GRUA

LA CROISSANCE DES PLUS GRANDES VILLES

Évolution de quelques villes mondiales de 1950 à 2015 (en milliers d'habitants)

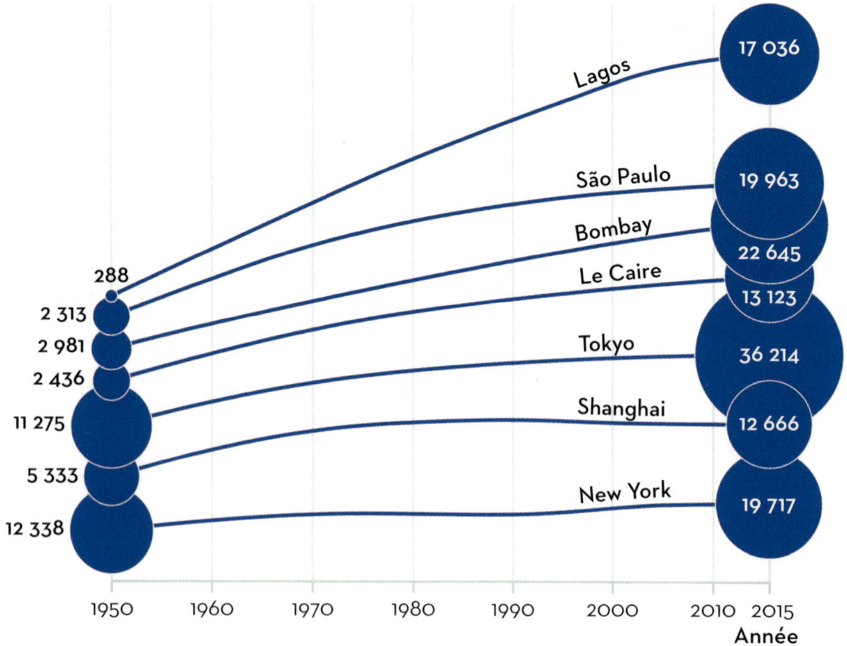

Source : United Nations, DESA/PD, *World Urbanization Prospects : The 2007 Revision.*

[Ci-contre]
En 1975, on dénombrait 3 villes de plus de 10 millions d'habitants : Tokyo, New York et Mexico. En 2009, on en comptait 21. Plus de la moitié de ces mégapoles se trouvent dans des pays en développement et ont connu une véritable explosion démographique. Parmi elles, Lagos a vu sa population multipliée par 60 en 60 ans.

[Page de droite]
La pauvreté des populations et le rythme de leur croissance font que les villes s'étendent en grande partie par des bidonvilles. C'est là que vivent la très grande majorité des urbains en Afrique subsaharienne.

LES HABITANTS DES BIDONVILLES

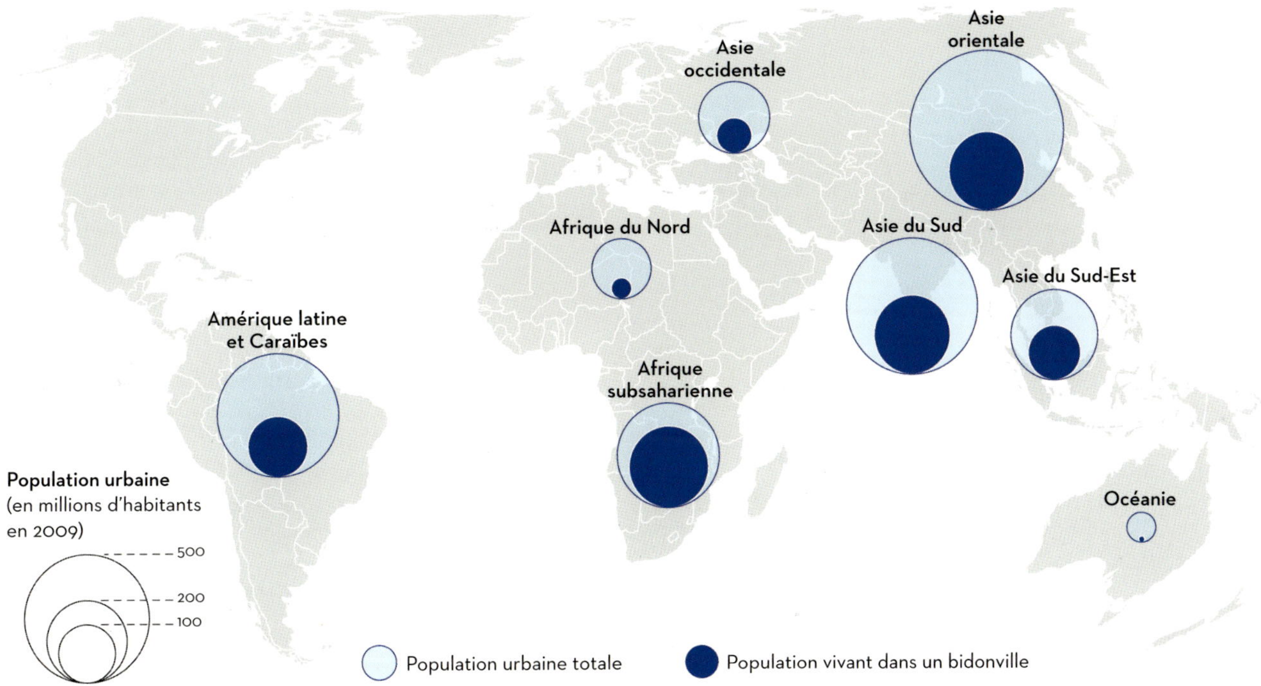

Source : United Nations, DESA/PD, *World Urbanization Prospects : The 2009 Revision*, UN-Habitat, 2010.

5

VIVRE ENSEMBLE

« Nous devons apprendre
à vivre ensemble
comme des frères,
sinon nous allons mourir ensemble
comme des idiots. »

MARTIN LUTHER KING
Pasteur américain

NOURRIR UNE POPULATION MONDIALE CROISSANTE

[Pages précédentes]
Foule à Abengourou, Côte d'Ivoire.
42 % des 967 millions d'habitants de l'Afrique ont moins de 15 ans. Mais le virus du sida en emporte 5 500 par jour sur le continent, ce qui contraste avec le dynamisme démographique.

Longtemps la population mondiale a été en dessous de 1 milliard de personnes. En 150 ans, elle aura augmenté de 6 milliards. Mais, depuis le début du XXe siècle, le temps n'est plus aux grandes familles. Certains pays européens ont même une population qui décroît. Pendant le XVIIIe siècle, en Europe, la population avait atteint un niveau tel qu'il était difficile de produire assez de nourriture. La production agricole ne suivant pas, ce fut une période de disettes et de famines se traduisant par l'immigration massive des Européens vers les « nouveaux mondes » qu'ils ont colonisés : les Amériques, l'Afrique australe, l'Australie... Puis, grâce au progrès des techniques agricoles, la production a augmenté plus vite que la population occidentale et le spectre des famines s'est éloigné. Dans les quatre dernières décennies, l'Europe a même beaucoup exporté.

Qui risque des pénuries de nourriture ? Aujourd'hui, c'est la population des pays en développement (l'Afrique surtout) et des pays émergents (Chine, Inde, Brésil), qui augmente beaucoup. La production agricole augmente aussi, mais juste assez pour alimenter la population. Il y a pourtant des pénuries et des insuffisances graves : près de 1 milliard d'habitants sur les 7 milliards que compte aujourd'hui la planète ne mangent pas suffisamment et certains manquent gravement de nourriture. Et, dans ce milliard de sous-alimentés, il y a plus de 600 millions d'agriculteurs, ce qui indique qu'ils sont pauvres au point de ne pas pouvoir produire leur propre nourriture en quantité suffisante. Cette situation pourrait durer, car la population des pays en développement va encore s'accroître de 2 milliards de personnes dans les 40 années qui viennent.

Pourra-t-on alimenter tout le monde ? Il y a certes encore beaucoup de terres disponibles, mais les situations sont différentes selon les continents. La terre est abondante en Amérique du Sud, en Russie, au Canada et en Afrique subsaharienne, alors qu'elle manque cruellement en Asie et dans la région sèche du Maghreb et du Moyen-Orient. Ceux qui peuvent produire des surplus exportent vers ceux qui sont en déficit. De sorte que l'Amérique latine exporte beaucoup vers la Chine. Elle exporte surtout du maïs et du soja pour nourrir les animaux (porcs, volailles, bovins) destinés à alimenter en viande les populations. Or, il faut beaucoup de terres nouvelles pour produire des aliments pour les animaux ; cela se traduit par la disparition de la forêt, qui fait place à des cultures destinées à remplacer les carburants issus du pétrole et à des villes dont la taille s'accroît rapidement. Il faut beaucoup d'eau pour produire le riz, aliment de base d'une grande partie du monde, or l'eau se fait plus rare. Au total, nous utilisons rapidement les terres et les eaux d'irrigation disponibles et nous nous dirigeons vers les limites de la planète.

Le plus grave est que l'agriculture des pays en développement est faite par des producteurs pauvres. Ils ont peu de terre, peu de possibilités d'avoir des engrais, des semences de qualité ; ils n'ont pas ou peu accès à des prêts, pas d'animaux de traction, pratiquement pas de tracteurs. Les prix auxquels ils vendent leur production sont généralement bas. Tant qu'ils seront dans la pauvreté et qu'ils ne seront pas aidés, ils ne pourront pas faire un effort suffisant d'accroissement de production pour nourrir l'ensemble de la population.

L'agriculture des pays pauvres doit donc être une priorité pour faire face à l'augmentation de la population. Pour accroître la production alimentaire, les terres ne sont pas si abondantes qu'on pourrait le penser si l'on considère qu'il faut préserver la forêt, laisser de l'espace aux villes du futur et en consacrer une petite partie à la production de biocarburants. Par ailleurs, le changement climatique pourrait bouleverser la donne : certains pays verront leur production menacée par les sécheresses et d'autres pourraient en bénéficier. Tout cela risque d'aboutir à des marchés alimentaires plus instables. La voie de la sécurité alimentaire pour tous reste donc une voie difficile. Le vieux combat des sociétés humaines pour éviter les famines n'est pas terminé.

MICHEL GRIFFON
Directeur général adjoint de l'Agence nationale de la recherche
Président du conseil scientifique du Fonds français pour l'environnement mondial

LA RÉVOLUTION DÉMOGRAPHIQUE

— La population augmente, mais la fécondité chute. L'avenir démographique de notre monde est bouleversé.

Un concours de bébés nageurs à Pékin, Chine. La politique de l'enfant unique aurait évité 400 millions de naissances, selon le gouvernement, et amène les parents à surinvestir la réussite de leur enfant.

Jamais la population mondiale n'a été aussi nombreuse, et jamais elle n'a augmenté aussi rapidement. Pourtant, un phénomène discret signe un profond renversement de tendance.

En effet, partout dans le monde, la natalité chute. En Chine, le taux de fécondité est tombé à 1,6 en 2010 contre presque 6 en 1965 ; en Iran à 1,89 contre 7 en 1960 ; au Brésil, à 1,8 contre presque 6 en 1960. Au Japon, il est descendu à 1,2 ; en Allemagne, à 1,42. Près de la moitié de la population mondiale vit aujourd'hui dans des pays dont la natalité est en dessous du taux de renouvellement de la population qui, dans les pays occidentaux, est de l'ordre de 2,1 enfants par femme.

Même dans les pays où la natalité reste importante en valeur absolue (principalement en Afrique), elle décroît. Et dans ces pays où la médecine, l'hygiène et l'alimentation sont encore insuffisantes, le seuil de renouvellement n'est pas à 2,1 comme en France, mais plus proche de 3, car davantage d'enfants meurent avant d'avoir pu se reproduire.

Cette transformation est encore masquée par la pyramide des âges. Comme il y a beaucoup d'humains en âge de procréer, même s'ils font moins d'enfants, la population continue d'augmenter. Mais pour combien de temps ? À quel rythme la baisse de la fécondité va-t-elle transformer la planète et dans quelle mesure ? Les experts en discutent. Mais ne nous trompons pas : la révolution (démographique) est déjà en marche.

Dans certains pays, elle va même trop vite. Certains intellectuels en Chine sont en train de réfléchir à assouplir la politique de l'enfant unique, car la proportion de personnes âgées croît trop vite. De nombreux pays font d'ores et déjà appel à une immigration plus ou moins sélective pour pallier le manque de main-d'œuvre.

Les scénarios divergent, mais la population devrait se stabiliser, vers 2050, autour de 10 milliards d'habitants. Un peu plus ou un peu moins, un peu plus tôt ou un peu plus tard... Tout ne va pas si mal sur la planète...

斯我来

LE CONTRÔLE DES NAISSANCES

— Les États contrôlent souvent autoritairement, et parfois plus subtilement, la fécondité des femmes.

Des préservatifs exposés pour l'Exposition internationale du planning familial en 2009 à Pékin, Chine. Le pays a annoncé qu'il poursuivra sa politique controversée de l'enfant unique pendant les 10 prochaines années.

« Un enfant, si je veux, quand je veux » est l'un des slogans phares du mouvement féministe, qui a fait du contrôle par les femmes de leur reproduction un enjeu central de son combat. Au XXe siècle, dans plusieurs pays européens, de nombreux succès ont été obtenus, comme la légalisation des moyens modernes de contraception ainsi que de l'avortement. Mais, dans de nombreux pays, tout reste à faire. Même en Occident, les réticences sont fortes. Les médecins et personnels médicaux pratiquant l'avortement sont ainsi souvent menacés et 8 d'entre eux ont été assassinés aux États-Unis ces 20 dernières années.

Quelle que soit la qualité des relations entre les sexes, on pourrait croire que la décision de faire un enfant relève de l'intimité des couples, et donc exclusivement de la sphère privée. En fait, elle est très souvent investie par l'État.

C'est évidemment le cas en Chine, avec ce que l'on appelle « la politique de l'enfant unique » : les couples doivent obtenir une autorisation préalable avant de concevoir un enfant et s'exposent à des amendes s'ils y dérogent. En 30 ans, ce sont 400 millions de naissances qui auraient été évitées dans le pays, même si le système a été assoupli : un second enfant est autorisé, en ville, si les deux parents sont enfants uniques, ou, dans les campagnes, si le premier enfant est une fille. Les membres des minorités ethniques, comme les Tibétains, sont autorisés à faire plus d'enfants.

Ce genre de politique autoritaire a été vivement critiqué, mais il en existe de plus despotiques encore, comme les campagnes de stérilisation forcée menées en Inde entre 1952 et 1976, qui ont touché près de 19 millions de personnes – sans parler des campagnes eugénistes du XXe siècle.

Aujourd'hui, on reproche aussi à ces méthodes d'être inefficaces. Éducation, urbanisation, accès à un travail valorisant et contraception sont des moteurs souvent bien plus puissants pour réduire le nombre des naissances. Une grande partie de la baisse de la natalité chinoise est ainsi due à ces facteurs socio-économiques plutôt qu'à la politique coercitive du gouvernement.

LA VILLE COMME ÉMANCIPATION

— L'urbanisation du monde permet la culture et diminue la natalité.

Des assistantes maternelles et médicales manifestent avec leur syndicat, État d'Andhra Pradesh, Inde.
La syndicalisation des femmes est encore exceptionnelle dans un pays comme l'Inde, où elles commencent à peine à s'émanciper.

Les villes ont permis le développement de la culture, du commerce et de la politique, bref, de notre civilisation. Elles sont nées quand l'humanité a été capable de dégager des surplus, quand des hommes et des femmes ont pu consacrer une partie toujours plus grande de leur temps à autre chose que la simple survie. L'artisanat et les échanges se sont alors développés. La concentration des hommes a facilité, en même temps que l'échange des marchandises, celui des idées; elle a rendu nécessaire l'organisation du pouvoir. Aujourd'hui, les villes concentrent la quasi-totalité de l'activité économique et culturelle mondiale : New York et Tokyo ont, par exemple, chacune un PIB qui dépasse 1000 milliards de dollars par an.

Depuis 2007, plus d'un être humain sur deux vit en ville. Cette transformation joue un rôle fondamental sur l'évolution de la natalité. Tout d'abord parce que les citadins ont généralement un meilleur accès à l'éducation. Pour les femmes en particulier, cela signifie l'accès à des moyens de contraception. Cela veut dire également la possibilité d'un travail hors de la famille. Avoir des enfants devient pour elles un choix, qu'elles peuvent établir notamment par rapport à leur vie professionnelle.

Ensuite parce que la ville change radicalement les rapports économiques au sein de la famille. Dans les campagnes, faire des enfants, c'est obtenir une main-d'œuvre gratuite qui pourra aider aux travaux des champs. En ville, faire des enfants, c'est ajouter des bouches à nourrir et c'est la perspective de dépenses de santé et d'éducation.

Même si les grandes concentrations urbaines déshumanisent les rapports sociaux, les villes, en regroupant les gens, leur permettent aussi de s'organiser de manière collective : elles rendent possible la politique. Or, des rapports politiques équilibrés et transparents sont la condition d'une vie harmonieuse. En 1992, le Sommet de la Terre, à Rio, postulait déjà : « La meilleure façon de traiter les questions d'environnement est d'assurer la participation de tous les citoyens concernés, au niveau qui convient. »

ÉDUQUER LES FEMMES

—— Il existe un moyen très simple pour diminuer la natalité et la pauvreté : c'est d'éduquer les femmes.

Des étudiantes sur le campus universitaire de Kaboul, Afghanistan.
L'éducation des femmes avait été interrompue par le régime des Talibans. En 2001, l'université a rouvert.

Éduquer les femmes est probablement l'enjeu majeur du XXIe siècle. Car il s'agit à la fois de remédier à une injustice fondamentale – l'inégalité des sexes – et de lutter contre deux problèmes de notre monde : la surpopulation et la pauvreté.

Aujourd'hui, 64 % des 776 millions d'adultes analphabètes sont des femmes, et 57 % des 72 millions d'enfants non scolarisés sont des filles. Les causes de cette situation sont multiples : préférences et stéréotypes culturels favorables aux garçons, poids des travaux ménagers, pauvreté…

Dans un monde en forte croissance démographique, toutes les études montrent que le facteur le plus important qui détermine le taux de fécondité des femmes, ce n'est ni leur niveau de revenu ni la scolarisation des hommes, mais leur propre scolarisation. Les femmes qui sont allées à l'école ont tendance à se marier plus tard, sont davantage susceptibles de recourir à la contraception et préfèrent des familles plus petites.

Même des régimes très religieux peuvent évoluer : en Iran, la chute de la fécondité a été encouragée par les mollahs à partir de 1989 et a donné des résultats très rapides. Un meilleur accès à l'éducation pour les femmes y fut pour beaucoup. Aujourd'hui, les trois quarts des couples mariés iraniens utilisent un moyen de contraception – c'est le plus haut taux du monde musulman. Mais l'évolution parcourt l'ensemble du monde musulman. En Tunisie, où l'éducation des filles a été encouragée par le régime, la fécondité est passée de 6 en 1970 à 2 en 2010.

Par ailleurs, la baisse de la fécondité (si elle est très élevée au départ) contribue au développement d'une nation. Car, quand les parents ont moins d'enfants, ils peuvent mieux s'occuper d'eux, davantage « investir » dans leur éducation et leur santé. Cela permet donc d'assurer aux générations futures un meilleur cadre de vie et de meilleures opportunités économiques.

Éduquer – et éduquer les femmes en particulier –, c'est donc lutter contre la pauvreté : selon l'Unesco, chaque année d'étude supplémentaire augmente le PIB par habitant de 4 à 6 %.

RELIGION ET ENVIRONNEMENT

— L'homme doit-il dominer la nature ou préserver une planète qui lui aurait été confiée ?

Une famille de juifs ultraorthodoxes regarde passer une manifestation à Bnei Brak, Israël.
Les ultraorthodoxes ont en moyenne une dizaine d'enfants par famille. Pour eux, avoir un maximum d'enfants est un commandement religieux.

« Soyez féconds, multipliez, remplissez la terre et soumettez-la, et dominez les poissons de la mer, les oiseaux du ciel et tout animal qui se meut sur la terre », peut-on lire dans la Genèse, livre sacré du judaïsme, du christianisme et de l'islam qui regroupent plus de 3,5 milliards de croyants dans le monde. Cette phrase célèbre reflète l'anthropocentrisme des religions monothéistes : elles placent l'homme au cœur de la création – et le supposent à l'image de Dieu.

Mais, avec la prise de conscience écologique, plusieurs courants au sein de ces religions proposent de passer d'une humanité dominatrice de la nature à une humanité gardienne de la planète qui lui aurait été confiée par la divinité. L'évolution est moins forte pour les différentes formes du bouddhisme ou d'animisme, car ceux-ci encouragent intrinsèquement un rapport plus respectueux à l'environnement et à la nature. L'être humain n'est qu'une créature parmi d'autres, et son âme peut se réincarner en végétal ou en animal.

Sur le terrain de la natalité, la plupart des religions incitent les couples à faire des enfants et s'opposent à la contraception sauf si la santé de la mère est en danger. Les intégristes encouragent en général une très forte natalité. Bien qu'ils soient plus proches de la nature, les animistes n'ont pas toujours une natalité débridée. Certains estiment que limiter le nombre de naissances constitue un moyen de vivre en harmonie avec la nature.

Sur le terrain de la consommation, la plupart des religions, parce qu'elles aspirent à développer une vie spirituelle, mettent en garde contre le matérialisme et le consumérisme. Elles ne prônent pas pour autant l'ascétisme : le sociologue Max Weber a ainsi mis en lumière la relation entre le protestantisme et le développement du capitalisme.

Quoi qu'il en soit, ces quelques généralités ne doivent pas faire oublier la dimension éthique de toutes les religions, une dimension qui peut fonder un rapport à l'autre et au monde généreux et ouvert.

TOUS PARENTS, TOUS DIFFÉRENTS

— L'humanité est issue de migrations et de mélanges qui laissent leur trace dans nos gènes.

Nelson Mandela est l'un des principaux dirigeants de la lutte contre l'apartheid, Afrique du Sud. Il en devint le président en 1994. Le pays est souvent appelé « nation arc-en-ciel » en raison de la diversité de sa population. Il possède pas moins de 11 langues officielles.

Malgré les différences physiques et culturelles, tous les êtres humains appartiennent à l'espèce *Homo sapiens*. Nous sommes tous différents, mais aussi tous parents. Et tous issus de l'Afrique subsaharienne. Notre histoire se confond avec celle de nos migrations : il a fallu 80 000 ans à notre espèce pour peupler l'Afrique, avant de s'installer au Moyen-Orient, en Europe et en Asie il y a 60 000 ans. Puis en Amérique et enfin en Océanie.

Les migrations n'ont jamais cessé dans l'histoire de l'humanité. Y compris en Europe, avec sa longue histoire de conflits et de déplacements. Pourtant, les mélanges et les flux migratoires ne sont pas toujours bien vus. Aujourd'hui, certains craignent qu'ils menacent leurs identités locales. Pourtant, dans le monde, les migrants sont environ 214 millions, soit à peine 3 % de la population. Le poids des migrations dans les débats relève donc en grande partie d'une construction politique. Et s'il est difficile d'obtenir des chiffres précis, les migrations ne semblent pas aujourd'hui plus importantes que dans les siècles précédents, même si elles ont lieu désormais sur de plus grandes distances.

On peut retrouver ces migrations dans l'ADN de chacun : génétiquement, nous sommes une mosaïque qui porte la trace de nos mélanges, et donc de nos déplacements. Pour autant, il n'y a pas de base scientifique à la notion de race, et encore moins à celle de supériorité ou d'infériorité entre races.

Malgré tout, le racisme reste très présent dans le monde, y compris dans les pays du Sud. Ce n'est pas seulement une aberration scientifique, c'est aussi une faute morale et, dans certains pays comme la France, un délit. Parfois, c'est pire encore. Au Rwanda, en 1994, près de 800 000 Tutsis ont été massacrés en 3 mois. Ce que les atrocités de ce génocide ont montré, c'est que les bourreaux perdent leur humanité dans ces massacres : déshumaniser l'autre – « Tuez tous les cafards » était un slogan de la radio génocidaire des Mille collines –, c'est aussi perdre son humanité à soi.

LES MIGRATIONS SUD-SUD

— Les migrations entre pays du Sud, à courte distance, concernent plus de 80 millions de personnes dans le monde.

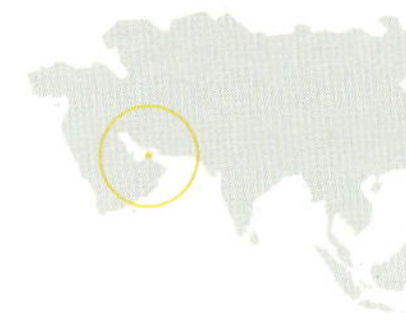

Des ouvriers indiens, pakistanais et bangladais manifestent pour protester contre le report du paiement de leurs salaires à Dubaï, Émirats arabes unis.
90 % des travailleurs dans les pays du Golfe sont originaires d'Asie.

Les flux migratoires Sud-Sud retiennent généralement moins l'attention que les mouvements du Sud vers le Nord. Ils n'en restent pas moins très importants. Bien que des données précises manquent, le nombre de personnes ayant migré d'un pays du Sud vers un autre pays du Sud aurait atteint 86 millions en 2010, contre 127 millions de migrants vers le Nord. Dans de nombreuses régions du monde, ces mouvements dépassent ceux des routes migratoires vers les pays développés.

Dans les pays du Golfe, au Qatar, au Koweït ou dans les Émirats arabes unis, 90 % de la force de travail est étrangère et vient d'Asie (Pakistan, Bangladesh, Philippines, Inde…). En Afrique, même si les chiffres manquent, l'essentiel des migrations se fait à l'intérieur du continent et souvent sur de courtes distances, entre pays voisins.

Ces migrations sont souvent très différentes de celles que connaît l'Europe. L'ouvrier pakistanais à Dubaï ou la femme de ménage philippine à Singapour, pour prendre ces exemples, n'emmènent pas leur famille, qui reste dans leur pays d'origine. En général, ils n'envisagent pas de s'installer – de fait, obtenir la nationalité saoudienne ou émiratie, par exemple, est impossible. Souvent, ils retournent dans leur pays après quelques années. Leurs conditions de vie sont précaires et ils bénéficient la plupart du temps de très peu de protection sociale, même quand ils sont en situation légale. Ils sont très contrôlés et à la merci de leurs employeurs qui peuvent les renvoyer presque instantanément.

Malgré tout, ces migrations sont globalement positives à la fois pour les pays d'accueil et de départ. Elles répondent en général à un besoin identifié de main-d'œuvre dans le pays d'accueil. Dans les pays d'origine des migrants, l'argent transféré permet une augmentation des revenus, et donc une hausse de la scolarisation, un meilleur accès à la santé, la réduction de la pauvreté… Tous ces facteurs font partie des Objectifs du millénaire pour le développement. L'émigration – et en particulier l'émigration Sud-Sud – est donc un facteur de développement.

POLO

LES MIGRATIONS SUD-NORD

— Les migrants ne représentent que 3 % de la population mondiale, mais ils occupent une place très importante dans le débat public.

Des migrants africains arrêtés lors d'une traversée vers les Canaries, Espagne. Le désespoir qui pousse des milliers de migrants à s'embarquer pour rejoindre l'Europe fait des centaines de morts chaque année.

Le nombre total de migrants s'est accru ces 10 dernières années, passant d'environ 150 millions en 2000 à 214 millions aujourd'hui. Cependant, ils ne représentent qu'une petite partie de la population mondiale : à peine 3 %. Cette proportion relativement faible n'empêche pas la question d'occuper une part importante du débat politique en Occident.

Pour certains, il s'agit d'une menace, surtout si ces flux migratoires sont incontrôlés. Pour d'autres, l'afflux de migrants permet de combler le déficit démographique des pays du Nord. Pour d'autres encore, les migrants jouent un rôle essentiel pour les pays du Sud : ils ont rapatrié, en 2010, 325 milliards de dollars dans leurs pays d'origine, soit plus du double de l'aide publique au développement.

Aux États-Unis, pays qui héberge le plus d'immigrants au monde, avec 43 millions de migrants sur leur sol, l'immigration constitue le premier facteur d'accroissement de la population. Dans les années 1970, le débat sur le sujet s'est introduit dans les milieux écologistes en des termes étonnants vus de France.

Le point de départ du raisonnement était le suivant : quand un immigrant sud-américain arrive aux États-Unis, il adopte le mode de vie du pays et son empreinte écologique est multiplié environ par 10. Il va donc générer encore plus de problèmes environnementaux. Certains écologistes, membres du Sierra Club, la plus grande association écologiste américaine, ont alors pris des positions xénophobes et initié un débat qui s'est conclu par leur expulsion.

Aujourd'hui, l'immigration s'invite autrement dans le débat américain, avec des écologistes qui s'inquiètent des conséquences de la construction d'un mur de séparation le long de la frontière américano-mexicaine. Ce mur altère les milieux, comme l'estuaire de Tijuana, et empêche la circulation des espèces terrestres provenant des onze écosystèmes qu'il traverse, tels les tortues du Texas, les pumas, les daims et les jaguars. S'agissait-il de permettre à des animaux ce que l'on interdit aux hommes ?

LES DERNIERS HOMMES LIBRES

— Les peuples indigènes ne vivent pas à l'âge de pierre. Ils vivent juste différemment.

Des membres de la tribu Awati se rendent à une cérémonie ancestrale, le Kuarup, Brésil. Les tribus de la forêt amazonienne s'y livrent à des compétitions sportives.

À la frontière entre le Brésil et le Pérou, dans la vallée du Javari, vivent environ 3 000 Indiens répartis en plusieurs groupes : les Kanamari, les Marubo, les Matis, les Korubo… Certains ne sont même pas connus, car ils refusent tout contact. Ces hommes et ces femmes ne viennent pas de l'âge de pierre, ils vivent juste différemment. Ils entretiennent avec la nature un rapport particulier. Elle leur apporte les vivres et les médicaments dont ils ont besoin et, en retour, ils la préservent et la protègent. À l'opposé d'autres civilisations qui, pour se développer, la détruisent afin de faire place à des champs et à des villes.

Là, au cœur de la forêt amazonienne, on cultive du manioc, des bananes et des papayes, loin, très loin du monde « extérieur ». Ce ne sont pas les seuls. Dans près de 70 pays, des « peuples indigènes », comme on les appelle, vivent en harmonie avec la nature. Chasseurs-cueilleurs pour la plupart, nomades ou sédentaires, ils rassemblent plus de 370 millions de personnes dans le monde.

La plupart des indigènes ont vu leurs modes de vie traditionnels profondément remis en cause par un progrès que l'on a voulu leur imposer. Soutenus par des ONG, quelques-uns ont su s'adapter et ont réussi à préserver une partie de leurs traditions. D'autres, en revanche, n'ont pas eu cette chance. Méprisés par les populations des pays dans lesquels ils vivent, ces peuples voient leurs droits bafoués au quotidien. Parce que leurs terres recèlent bien souvent d'importantes richesses – minerais, métaux, plantes médicinales, essences de bois rares –, ils en sont chassés et c'est leur survie même qui est en jeu.

Aux yeux de certains, les peuples comme ceux de la vallée du Javari, qui refusent tout contact avec le monde extérieur, sont les derniers hommes vraiment libres sur terre. Aujourd'hui, cette liberté est de plus en plus menacée. Pourtant, vivre ensemble, c'est aussi respecter la volonté des autres de ne pas faire comme nous, voire de rester à l'écart.

L'AVENIR DES BIDONVILLES

— Raser les bidonvilles ne fait pas que déplacer le problème, cela l'aggrave.

Des enfants jouent sur les rails avant que le train passe dans un bidonville de Manille, Philippines. L'influence de l'Église catholique dans ce pays empêche de freiner les naissances.

Les bidonvilles ne sont pas seulement des zones de pauvreté et de précarité, ce sont aussi les acteurs d'une vie économique, d'un savoir-vivre et de réseaux sociaux.

Installés à la marge des villes, là où le terrain est de moindre valeur, les bidonvilles absorbent la majeure partie de la croissance des villes : ils accueillent souvent les paysans qui quittent leur campagne pour s'installer en ville. Ainsi, 27 millions de personnes s'y entassent chaque année ; sur la planète, les bidonvilles hébergent plus de 1 milliard de personnes – qui seront probablement 1,4 milliard en 2020.

Les caractéristiques communes des bidonvilles sont le manque de services de base comme l'accès à l'eau courante ou à l'électricité, de mauvaises conditions sanitaires dues à l'absence d'assainissement, des logements précaires construits illégalement par leurs habitants, souvent sur des emplacements dangereux, à cause de glissements de terrain par exemple.

Les autorités entreprennent parfois de raser les bidonvilles parce qu'ils ternissent l'image de la ville, qu'ils sont perçus comme responsables de l'insécurité ou, comme à Dharavi, bidonville de 700 000 habitants à Bombay, qu'ils se situent à un emplacement convoité par un projet immobilier. Mais raser les bidonvilles ne fait que déplacer leurs habitants ; cela ne résout aucun problème et aggrave même la pauvreté de ceux qui y habitent en les éloignant des centres d'emplois.

Or, les bidonvilles sont aussi des zones dynamiques, comme Dharavi, qui est la plus vaste fabrique de cuir en Inde. Le chiffre d'affaires annuel de ses milliers de petits ateliers est estimé à 340 millions d'euros. Les sacs de cuir sont vendus à Bombay, mais aussi au Royaume-Uni et dans les pays du Golfe.

Plutôt que de raser ou d'isoler ces lieux, il faudrait au contraire tenter de mieux les intégrer à l'espace formel de la ville. Faciliter l'accès au microcrédit et aux emplois pour mettre en valeur les ressources humaines de leurs habitants et faire reculer la pauvreté. Mieux vaudrait mobiliser leurs multiples ressources que de les stigmatiser.

LA PART DES IMMIGRÉS DANS LA POPULATION

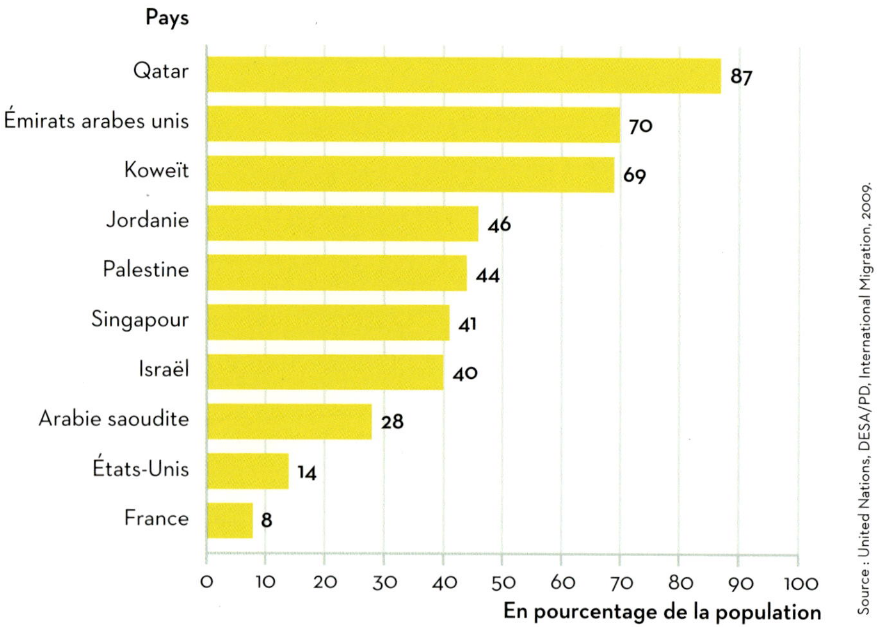

[Ci-contre]
Dans les pays du Golfe, plus de 70 % de la population est immigrée. Ce sont pour l'essentiel des migrants qui viennent d'Asie. Les États-Unis sont le pays qui accueille le plus d'étrangers en nombre absolu, avec 37 millions d'immigrés. Quant à la France, les chiffres diffèrent si l'on utilise la définition des Nations unies (toute personne née à l'étranger) comme ici, ou si l'on soustrait les Français nés à l'étranger, auquel cas le taux d'immigrés diminue à environ 6 %.

[Page de droite]
Bien que des données précises manquent, il y aurait eu 213 millions de migrants en 2010. 127 millions se seraient dirigés vers les pays du Nord ; 86 millions auraient migré d'un pays du Sud vers un autre pays du Sud.

LES MIGRATIONS MONDIALES

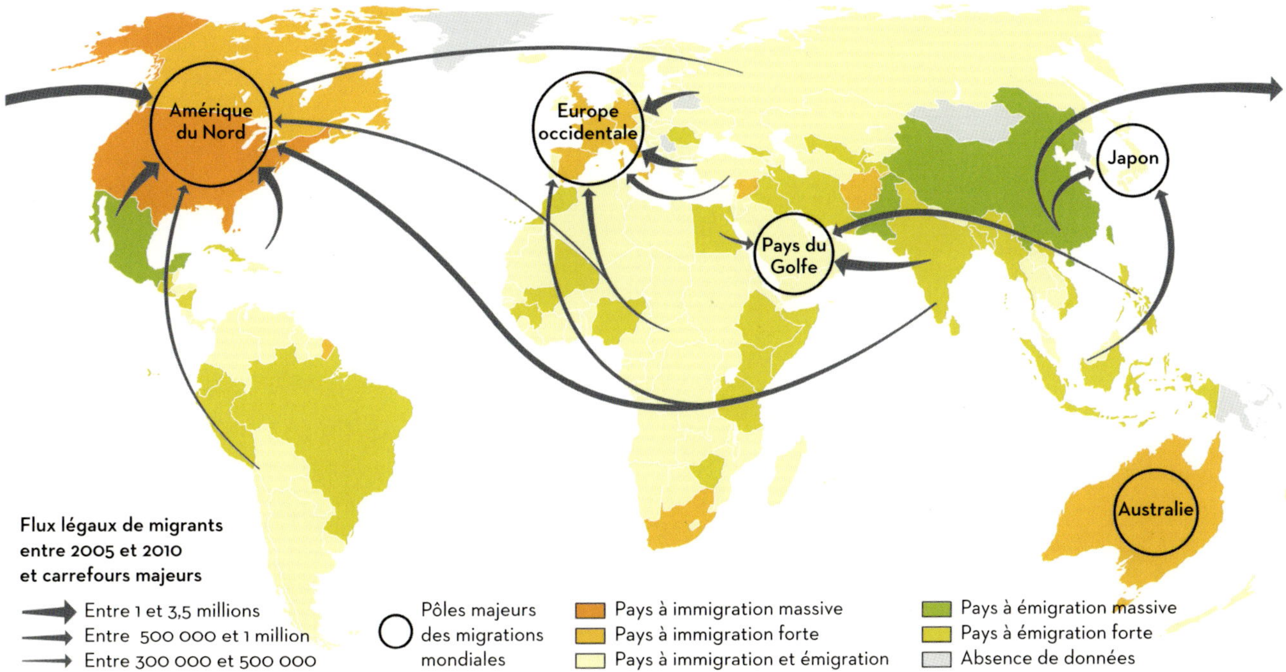

Source : United Nations, DESA/PD, International Migration, 2009.

6

CONSOMMER AUTREMENT

« Il y a assez de tout dans le monde
pour satisfaire les besoins de l'homme,
mais pas assez pour assouvir son avidité. »

GANDHI
Homme politique et philosophe indien

LE MOUVEMENT DE TRANSITION

[Pages précédentes]
Balles de coton à Thonakaha dans la région de Korhogo, Côte d'Ivoire.
De plus en plus de filières de coton bio et équitable se mettent en place. Moins gourmandes en pesticides, elles assurent également aux producteurs une meilleure rémunération.

En 2004, le Royaume-Uni importait 10,2 millions de kilos de lait et de crème de France et en exportait 9,9 millions vers ce même pays. L'Allemagne nous fournissait 1,5 million de kilos de pommes de terre et nous lui en expédions exactement la même quantité. Cette année-là, le Royaume-Uni importait pour 310 millions de livres de bière et en exportait pour 313 millions. Bien sûr, ce pays n'est pas le seul à procéder ainsi : la mondialisation économique exige que les autoroutes de la planète regorgent de biens qui circulent et qui auraient tout aussi bien pu être produits sur place. Le mouvement de Transition est une démarche internationale et partant de la base.

Il prend tout son sens à une époque où le prix du pétrole est de plus en plus instable, où le directeur de l'Agence internationale de l'énergie nous met en garde en nous disant que « nous devons abandonner le pétrole avant qu'il ne nous abandonne », où les difficultés posées par le changement climatique sont si importantes et où la notion même de croissance économique est de plus en plus limitée. Le mouvement de Transition considère que les difficultés vont s'accumuler et que cela va inévitablement obliger nos économies à se jouer davantage au niveau local, que le pic pétrolier va contraindre la mondialisation à faire marche arrière, mais qu'il faut voir ces évolutions comme une chance d'exercer notre créativité, une chance pour les entreprises et une chance pour les communautés, et non comme une terrible catastrophe.

Les groupes du mouvement de Transition se réunissent pour travailler au niveau local à améliorer notre résilience et à renforcer l'économie, s'appuyant en cela sur le concept de « localisation comme développement économique ». Ils créent des monnaies locales, ouvrent des magasins appartenant à la communauté, lancent de nouvelles exploitations agricoles, des jardins maraîchers et des jardins communautaires afin d'obtenir une production destinée à la consommation locale, fondent des entreprises énergétiques communautaires financées par des actionnaires locaux, plantent des arbres productifs dans les parcs, incitent les individus à réduire leurs émissions de carbone et leur facture énergétique en les mutualisant avec leurs voisins, et à prendre une part active aux nouveaux développements qui s'appuient sur les principes de la propriété communautaire, de la régénération de l'économie locale et de la réhabilitation des matériaux de construction locaux.

On compte aujourd'hui plus de 700 initiatives de Transition à travers le monde dans 37 pays différents. Le mouvement a démarré tard en France, mais il est en train de prendre de l'ampleur. Il prend un aspect différent à chaque endroit où il naît. En s'appuyant sur une série de principes simples, sur quelques outils et quelques « ingrédients », n'importe qui peut entamer un tel processus et le faire sien. C'est une expérience très forte, car les participants agissent à différentes échelles et partagent les enseignements qu'ils ont tirés à travers le Réseau de Transition.

Il suffit de s'imaginer que l'endroit où l'on vit est comme un seau qui serait percé. Ce seau est destiné à recueillir les salaires, les retraites, l'argent de l'État... Le problème est qu'à chaque fois que nous faisons nos courses dans un supermarché, que nous payons notre facture d'énergie ou que nous apportons notre soutien à des chaînes de magasins plutôt qu'à des commerçants locaux, l'argent s'échappe par le trou du seau.

Le concept de « localisation comme développement économique » offre la possibilité de « boucher les trous » de l'économie locale en créant de nouveaux modes de production et de transformation de la nourriture, en soutenant les agriculteurs locaux, en créant de nouvelles entreprises, en produisant des matériaux de construction, en élaborant de nouvelles formations pour les jeunes et en installant des systèmes d'exploitation des énergies renouvelables détenus et gérés par la communauté. En fait, quand on y réfléchit bien, les possibilités sont innombrables. Et la consommation, au lieu d'être un problème, pourrait devenir la solution pour rendre nos lieux de vie plus résilients dans les périodes incertaines.

ROB HOPKINS
Fondateur du mouvement Transition Town Totnes et du Réseau de Transition
www.transitionnetwork.org

LA NOUVELLE RÉVOLUTION VERTE

— Une agriculture à la fois productive et écologique est possible – elle est même nécessaire.

Champs près de Quito dans la région de la Sierra, Équateur. Les plateaux de la région de Quito sont habités par de petits paysans qui y cultivent du maïs, du blé et des pommes de terre. Souvent à peine de quoi subvenir à leurs besoins.

Dans les années 1960, la révolution verte a permis, à grands renforts de pesticides et d'engrais, d'augmenter considérablement les rendements agricoles. Mais aujourd'hui, alors que de plus en plus de personnes souffrent de la faim et que l'on a besoin d'elle, l'agriculture moderne s'essouffle et les écosystèmes s'épuisent : les rendements n'augmentent plus que de 1 % par an, moins vite que la demande. Il devient urgent de trouver de nouvelles solutions pour augmenter la production alimentaire mondiale, sous peine de voir ressurgir des famines.

Les experts appellent de leurs vœux une nouvelle révolution verte ou une révolution « doublement verte ». L'expression désigne une agriculture productive, mais qui respecterait les écosystèmes. Différents modèles coexistent, mais plusieurs études ont montré que les rendements de l'agriculture biologique ne cessaient de s'améliorer dans les pays tempérés et qu'ils pouvaient même être supérieurs à ceux de l'agriculture conventionnelle dans les pays non tempérés. Pour l'instant, seulement 2,4 % de la surface agricole mondiale est cultivée en agriculture biologique certifiée. Toutefois, ce chiffre ne prend pas en compte les nombreux agriculteurs qui ne sont pas labellisés, mais qui pratiquent quand même une agriculture respectueuse de la nature et des hommes.

Augmenter la production, c'est aussi s'adresser aux petits agriculteurs, car environ 80 % des personnes qui souffrent de la faim dans le monde sont des petits paysans qui cultivent la terre sans machine et avec leurs seuls bras pour outil. En donnant à ces centaines de millions de personnes les moyens d'améliorer leurs rendements, il est possible de répondre à la demande alimentaire mondiale. C'est ce qu'a fait le Viêtnam : en mettant en place une réforme agraire et en investissant dans les petites exploitations, le pays a réussi à atteindre le premier Objectif du millénaire pour le développement (réduire l'extrême pauvreté et la faim), avec 5 ans d'avance sur le calendrier des Nations unies.

DES VILLES-POTAGERS

— La Havane, Kinshasa ou encore Pékin produisent elles-mêmes une grande partie de leurs légumes. Un exemple à suivre.

Une femme travaille la terre au pied d'immeubles récemment construits à Heifei, Chine. En Chine comme dans d'autres pays du monde, l'agriculture urbaine connaît un véritable essor et fait vivre des milliers de familles.

Confronté à de graves pénuries alimentaires suite à la chute de l'Union soviétique, Cuba a été obligé de transformer son agriculture dans les années 1990 pour nourrir sa population. Parmi les multiples pistes explorées, le pays s'est lancé dans l'agriculture urbaine. Toits, friches, jardins furent utilisés pour cultiver. Vingt ans plus tard, et malgré la levée de l'embargo américain sur les produits alimentaires, l'agriculture urbaine reste l'un des piliers de l'autosuffisance alimentaire du pays. En 2006, La Havane produisait ainsi à elle seule 3 millions de tonnes de produits alimentaires.

Ce n'est pas un exemple isolé : Kinshasa produit de 75000 à 85000 tonnes de légumes par an, soit 65 % de ses besoins, tandis qu'à Pékin les jardins maraîchers couvrent plus de la moitié de l'approvisionnement en légumes de la ville. Aujourd'hui, 800 millions de citadins pratiquent l'agriculture urbaine. À Dakar, Detroit, Bombay, et même à Paris au travers des jardins ouvriers, l'agriculture urbaine permet à des milliers de familles – aux revenus souvent modestes – d'avoir accès à des fruits et légumes frais ainsi qu'à des produits d'origine animale tels que des œufs. Elle leur offre la possibilité d'une alimentation plus variée, de meilleure qualité et en plus grande quantité.

Dans les pays riches comme dans les pays pauvres, cette agriculture gagne du terrain. Dans les arrière-cours, sur les toits, les balcons, le long des routes, la moindre parcelle peut être exploitée. À San Francisco, des habitants ont transformé une ancienne bretelle d'autoroute brisée par le séisme de 1989 en véritable ferme urbaine. Les États du Kerala et du Maharashtra en Inde ont inscrit la promotion de l'agriculture urbaine dans les politiques publiques.

Pour l'instant, ces jardins conservent une échelle modeste et artisanale, mais des architectes imaginent déjà des fermes verticales et écologiques au cœur des villes, sortes de gratte-ciel agricoles où chaque étage serait consacré à des cultures.

CONSOMMER LOCAL

— Il suffit parfois de regarder l'étiquette pour faire la différence.

Porte-conteneurs dans le port de Rotterdam, Pays-Bas.
Inventé à la fin des années 1950, le transport par conteneurs est rapidement devenu le principal mode de transport de fret. En 2009, 7,84 milliards de tonnes de marchandises ont transité par voie maritime.

Fraises d'Espagne, kiwis de Nouvelle-Zélande, haricots verts et fleurs du Kenya, vêtements et jouets fabriqués en Asie... La plupart de ce que nous achetons parcourt des dizaines de milliers de kilomètres avant d'arriver dans nos paniers. Des crevettes pêchées au large des côtes anglaises ou en mer du Nord sont, par exemple, envoyées en Chine ou au Maroc pour y être décortiquées avant d'être renvoyées en Europe où elles seront vendues dans les supermarchés. Des champs de coton d'Asie ou d'Afrique aux vitrines des magasins, un peut parcourir 65 000 km au cours de sa confection.

La main-d'œuvre bon marché dans les pays en développement et le pétrole à bas prix font qu'il est souvent moins cher d'importer un produit ou un objet de l'autre bout de la planète que de le fabriquer à proximité. Mais, s'ils sont économiquement intéressants, de tels périples ont un coût environnemental élevé. Outre les pollutions et les contaminations qu'engendrent les processus de production ou de fabrication dans les pays concernés, le transport des marchandises est responsable de près de 10 % des émissions mondiales de CO_2 et a donc un impact considérable sur le climat.

Apparu à San Francisco en 2005, le mouvement Locavore encourage les consommateurs à acheter des aliments provenant d'un rayon de 200 km au maximum autour de chez eux en privilégiant les circuits courts, c'est-à-dire sans intermédiaire entre le producteur et le consommateur. En faisant ses courses au marché ou parl'intermédiaire d'une AMAP (Association pour le maintien d'une agriculture paysanne), par exemple. Et il n'y a pas que la nourriture que l'on peut trouver près de chez soi. Vêtements, jouets ou autres produits : il suffit parfois de regarder une étiquette pour pouvoir choisir des produits locaux, ou du moins des produits qui proviennent de France ou d'Europe.

En attendant que l'épuisement des réserves de pétrole et que les progrès sociaux dans les pays du Sud renchérissent tous ces produits d'importation, acheter local, c'est préserver la planète. Mais c'est aussi préserver un tissu industriel et social, et recréer du lien entre les hommes.

ΚΑΒΑΣΑΚΙ
ΡΑΙΑΣ
tex
tex
tex
NOELL
NOELL

L'ÉCO-CONCEPTION

— Produire et consommer autrement est possible, si tout le monde joue le jeu.

Des bénévoles tentent de nettoyer le réservoir du barrage de Vacha, Bulgarie. Des bouteilles en plastique et autres déchets encombrent le barrage.

Poussée par un souci d'économie et d'efficacité, l'industrie réduit progressivement la quantité de ressources nécessaires pour produire chaque bien. Ce qu'on appelle l'« intensité carbone » de l'industrie diminue ainsi régulièrement : il faut de moins en moins de CO_2 (et, par extension, d'énergie) pour produire un point de PIB.

Symbole de l'écologie industrielle depuis les années 1970, la zone d'activités de Kalundborg, au Danemark, constitue l'aboutissement de cette logique. Plusieurs usines se sont associées pour créer un écosystème industriel au sein duquel elles échangent l'eau, l'énergie et même certains déchets transformés en ressources par d'autres entreprises. Les résidus de soufre provenant de la combustion du charbon de la centrale thermique servent ainsi, une fois filtrés, à fabriquer du gypse et ensuite du placoplâtre.

Le passage vers une production plus durable s'opère aussi *via* l'éco-conception, selon la logique de *Craddle to Craddle* (« Du berceau au berceau »), qui consiste à concevoir les produits de façon qu'ils ne génèrent quasiment pas de déchets. La valorisation de ces derniers, pratiquée dans de nombreuses sociétés traditionnelles mais longtemps négligée par les sociétés industrielles, fait partie de cette logique.

Toutefois produire mieux ne sert à rien si la consommation augmente et, par ce biais, neutralise les économies réalisées. L'industrie recherche sans cesse de nouveaux marchés et programme l'obsolescence des objets pour susciter leur renouvellement. Aux consommateurs de ne pas jouer le jeu et de changer leurs habitudes : ne plus acheter sous l'impulsion, ne pas renouveler automatiquement, réparer plutôt que racheter, choisir des produits équitables ou respectueux de l'environnement...

Pour moins consommer, il y a le troc, l'échange ou le prêt, mais aussi une piste intéressante qui réside non plus dans la possession d'un objet, mais dans la satisfaction d'un besoin au travers d'un service. Cela fonctionne déjà avec les systèmes de vélos et de voitures en libre-service mis en place dans nos villes.

POUR LE MEILLEUR OU POUR LE PIRE ?

— 3 milliards de téléspectateurs et 2 milliards d'internautes.
Pour quoi faire ?

Des musiciens du Rajasthan ouvrent la soirée inaugurale du 34e festival de Sydney, Australie. Depuis la création de la troupe indienne The Manganiyar Seduction en 2006, ils se sont produits dans plus de 15 pays.

Près de 3,2 milliards de personnes ont regardé à un moment ou un autre la coupe du monde de football de 2010. Soit 46 % de la population mondiale. Même si ce nombre est une estimation de la Fédération internationale de football, qui a intérêt à gonfler les chiffres, cela donne une idée de la pénétration de la télévision dans le monde.

Au fond des bidonvilles de Kinshasa ou de Rio, dans les immeubles chic de New York ou de Paris, dans les campagnes reculées des Philippines ou de Chine, les gens regardent la télévision. Ils ont souvent accès aux chaines internationales grâce au satellite et, même quand ce n'est pas le cas, les chaînes locales traduisent un certain nombre de programmes occidentaux. Quant aux internautes, ils seraient environ 2 milliards dans le monde.

Les technologies de l'information et de la communication diffusent de la musique, des textes et des vidéos à une échelle inouïe. Dans un monde où la plupart des gens n'auront jamais l'occasion de voyager à l'étranger, elles permettent de découvrir des cultures différentes et de nous rapprocher les uns des autres.

Elles sont aussi utiles économiquement, en particulier dans les pays où les infrastructures manquent. Le téléphone portable peut ainsi être le point de départ d'une micro-entreprise. Il permet aux paysans de connaître la météo ou le cours des marchandises.

Bien entendu, l'information et la culture sont aussi des industries qui n'encouragent pas la qualité, mais plutôt une production de masse qui tire vers le bas. C'est le cas de Hollywood ou de Bollywood qui proposent une vision idyllique de la société de consommation.

Pour autant, il faut se méfier des généralités. En marge des grandes machines de diffusion, il existe d'autres contenus plus « indépendants », éducatifs et humanistes. Et Internet leur offre des moyens de diffusion inégalés. L'un des multiples enjeux des bouleversements technologiques actuels est donc celui de la qualité : produire, diffuser, lire ou regarder des contenus qui nous enrichissent humainement.

RÉVOLUTION ÉNERGÉTIQUE

— Les énergies renouvelables pourraient représenter 80 % de l'approvisionnement énergétique mondial en 2050.

La commune des Mées, dans les Alpes-de-Haute-Provence, abrite la plus grande ferme solaire du pays, France.
Malgré les apparences, les ingénieurs ont veillé à préserver au maximum le paysage et ont renoncé à utiliser du béton pour les fondations.

La surface de la Terre reçoit du soleil en une heure plus d'énergie que l'humanité n'en consomme en une année. Si nous trouvions le moyen d'exploiter cette ressource, les problèmes énergétiques auxquels nous sommes confrontés seraient réglés. Seule une fraction de l'énergie solaire est effectivement utilisable, mais, avec l'éolien, la géothermie, le bois-énergie, l'hydraulique, l'énergie des vagues ou le biogaz, nous avons à notre disposition un large éventail de sources d'énergie renouvelables et sobres en carbone. Ensemble, elles offrent une alternative aux énergies fossiles et une réponse au changement climatique.

Ces technologies ne sont pas nouvelles, et pourtant elles représentent moins de 13 % de l'approvisionnement énergétique mondial. Leur utilisation à plus large échelle a longtemps été considérée irréaliste. Mais, en quelques années, les énergies renouvelables sont devenues beaucoup plus efficaces. Par exemple, la puissance d'une éolienne a été multipliée par 10 entre 1997 et 2007, et aujourd'hui une seule éolienne peut produire 2 MW, soit l'électricité nécessaire pour 2 000 personnes. L'efficacité des panneaux solaires croît – les laboratoires annoncent régulièrement de nouveaux records. Le prix des installations diminue aussi rapidement, en particulier grâce au passage à une production à grande échelle. Les progrès sont tels qu'un récent rapport du Groupe intergouvernemental d'experts sur l'évolution du climat (GIEC) estime que près de 80 % de l'approvisionnement énergétique mondial pourrait être couvert par des énergies renouvelables d'ici à 2050, et que les freins ne sont plus technologiques ou économiques mais politiques.

Quant au nucléaire, jusqu'au 11 mars 2011, il était, aux yeux de beaucoup, une énergie d'avenir. Mais le tsunami qui s'est abattu sur les côtes japonaises et les dégâts qu'il a causés dans la centrale de Fukushima-Daiichi ont rappelé les risques associés à cette technologie. Si tragique qu'elle soit, la catastrophe a suscité dans le monde entier une réaction qui pourrait accélérer le passage aux énergies renouvelables.

LE MICROCRÉDIT

— Quelques dizaines de dollars peuvent suffire à changer une vie.

Une femme agariya utilise un râteau géant dans un marais salant à Kharaghoda dans l'État du Gujarat, Inde.
Les femmes sont les principales bénéficiaires du microcrédit.

Faire confiance aux pauvres pour qu'ils se sortent eux-mêmes de la misère, voilà le pari fou qui a valu le prix Nobel de la paix en 2006 à Muhammad Yunus, un économiste et entrepreneur bangladais surnommé « le banquier des pauvres ». L'inventeur du microcrédit a proposé des prêts adaptés aux plus démunis car les banques traditionnelles refusaient de leur prêter de l'argent. En leur fournissant ainsi des sommes très modestes, à peine quelques dizaines de dollars parfois, il leur a permis de lancer un petit commerce ou de développer leur activité et se procurer de petits revenus. Par exemple, acheter une chèvre dont le lait sera vendu sur le marché, réparer un tracteur pour augmenter la production agricole, acheter un peu de tissu pour fabriquer et vendre des vêtements.

Le microcrédit a connu un succès phénoménal : près de 150 millions de personnes ont bénéficié de ce système dans une centaine de pays, au Sud comme au Nord. Les femmes ont été particulièrement concernées puisqu'elles reçoivent une grande majorité des prêts (94 % au Bangladesh). Cela leur permet d'acquérir une autonomie économique et de leur faire franchir un grand pas vers l'égalité des sexes.

Avec le succès, des dérives et des critiques se sont fait jour. Quelle est l'efficacité réelle du microcrédit ? Les taux d'intérêt pratiqués, qui peuvent atteindre voire dépasser 20 %, sont-ils justifiés et n'est-il pas immoral de gagner de l'argent sur le dos de gens aussi pauvres ? Quelles que soient les réponses que l'on apporte à ces questions, elles ne font que marquer l'immense portée de cette démarche.

Par ailleurs, dans un monde où la spéculation et la finance sont pointées du doigt et accusées d'être responsables de la crise économique, Muhammad Yunus montre que des alternatives existent pour entreprendre de façon différente, en respectant certaines valeurs éthiques ou environnementales. Le microcrédit n'est que l'une des facettes de ce que l'on appelle plus généralement le *social business*. Il faut aussi mentionner la responsabilité sociale et environnementale des entreprises, ou encore l'investissement socialement responsable.

LA DÉMOCRATIE À L'ÉPREUVE D'INTERNET

— L'impact politique d'Internet sur notre société est à double tranchant.

Des parlementaires ukrainiens se battent en pleine session, Ukraine. Opposés sur la ratification d'un projet de maintien d'une base navale russe en Crimée, ils ont finalement prolongé la durée du bail de la Russie à Sébastopol en échange d'une remise sur le prix du gaz.

Si Internet a un temps suscité l'espoir d'une société démocratique mondiale, les idéaux libertaires des premiers temps n'ont pas fait long feu. Les réseaux, mais aussi les téléphones portables et les SMS sont certes des outils précieux pour les militants du monde entier. La révolution tunisienne de 2011 a montré l'importance que pouvait prendre une page Facebook, comme la révolution orange en Ukraine a montré le rôle que pouvaient jouer quelques SMS.

Les États tentent de plus en plus de contrôler ces nouveaux moyens et de s'en servir pour surveiller les populations. Les gouvernements égyptien et libyen ont échoué à le faire, au moins sur la fin. Mais le gouvernement chinois, qui a créé une muraille de Chine virtuelle pour isoler l'ensemble de son réseau, fait disparaître les mots clés gênants des moteurs de recherche et emprisonne les démocrates.

À une échelle moindre mais symbolique, l'instance suprême du réseau, appelée ICANN, qui définit les règles d'attribution des noms de domaine (les adresses Internet) et devrait donner l'exemple, est critiquée pour son manque de démocratie, ses relations avec le gouvernement américain…

Les États ne sont pas les seuls à menacer la liberté. Les entreprises, comme Google ou Facebook, disposent de quantités phénoménales d'informations sur chacun d'entre nous. Aujourd'hui, en France, celles-ci sont utilisées pour nous faire parvenir de la publicité. Mais certains ont été licenciés pour des commentaires négatifs sur leur patron. Et que se passera-t-il demain ? Quant à la notion de vie privée, elle semble se dissoudre dans Internet, tant les individus s'empressent de détailler publiquement leur quotidien, et de lire les ragots dont Internet encourage la prolifération.

Les technologies de l'information reflètent ainsi notre monde dans ses bons et ses mauvais côtés : ses conflits et son organisation, ses défauts et les nôtres. Ce n'est pas la technologie en elle-même, mais l'usage que nous en faisons qui détermine si son impact est positif ou négatif.

RÉDUIRE LE GASPILLAGE ALIMENTAIRE

__ **Plus de 1 milliard de tonnes de nourriture sont gaspillées** chaque année.

Un enfant cherche de la nourriture au milieu d'une des plus grandes décharges de l'État d'Assam, Inde. Dans le monde, environ 300 millions d'enfants s'endorment tous les soirs le ventre vide.

Chaque année dans le monde, le tiers des aliments produits pour la consommation humaine est perdu ou gaspillé. Bien que l'on jette quasiment autant de nourriture dans les pays en développement (630 millions de tonnes par an) que dans les pays industrialisés (670 millions), les causes de ce gâchis varient en fonction du niveau de développement du pays.

Dans les pays pauvres, l'essentiel de la nourriture est perdu avant d'arriver sur les étals des marchands, que ce soit pendant ou immédiatement après la récolte, pendant le stockage ou pendant le transport. Certains petits producteurs mettent une semaine pour aller vendre leur récolte… Ainsi, près de la moitié des produits alimentaires qui arrivent à Bombay sont perdus ou abîmés en chemin à cause du mauvais état des routes.

Dans les pays riches, on déplore également des pertes au moment des récoltes, mais ce sont surtout les mauvaises habitudes des consommateurs qui expliquent les grandes quantités d'aliments gaspillés. Habitués à la profusion, encouragés à acheter toujours plus de nourriture par des offres promotionnelles du type « 3 pour le prix de 2 », nous jetons régulièrement à la poubelle des aliments qui sont pourtant parfois encore comestibles. En Europe ou aux États-Unis, chaque consommateur jette ainsi en moyenne entre 95 et 115 kg de nourriture par an.

Alors que 925 millions de personnes, soit près d'un humain sur sept, souffrent aujourd'hui de la faim et que les prix des denrées alimentaires ne cessent d'augmenter, réduire les pertes pourrait avoir un impact considérable sur la sécurité alimentaire mondiale. Au Nord, faire ses courses de façon réfléchie (ne pas acheter de produits frais lorsque l'on va s'absenter, par exemple), cuisiner dans de justes proportions ou accommoder les restes pourrait aider à limiter le gaspillage. Au Sud, il faudrait moderniser les pratiques agricoles, améliorer le stockage des récoltes et renforcer les infrastructures de transport pour rapprocher les agriculteurs de leurs acheteurs.

LE COMBAT POUR LA DIGNITÉ

— Il n'y pas que l'argent qui compte, les droits de l'homme et de la femme comptent aussi.

Libération d'Aung San Suu Kyi le 13 novembre 2010, Birmanie. Prix Nobel de la paix en 1991, cette opposante à la dictature militaire dans son pays a été assignée à résidence durant 15 ans par la junte birmane.

« Les représentants du peuple français, constitués en Assemblée nationale, considérant que l'ignorance, l'oubli ou le mépris des droits de l'homme sont les seules causes des malheurs publics et de la corruption des gouvernements, ont résolu d'exposer, dans une déclaration solennelle, les droits naturels, inaliénables et sacrés de l'homme. »

Le préambule de la Déclaration des droits de l'homme de 1789, dont chacun connaît l'article premier : « Les hommes naissent et demeurent libres et égaux en droit », rappelle l'importance du facteur politique dans le bien-être commun. Car il n'y a pas que l'argent qui compte. Pouvoir dire ce que l'on pense sans craindre de représailles, se déplacer comme on le souhaite, être traité avec dignité sont indispensables et ont suscité les plus grands mouvements collectifs de ces dernières décennies, que ce soit la lutte pour l'émancipation des Noirs aux États-Unis ou en Afrique du Sud, les mouvements anticoloniaux, les mouvements féministes ou les mouvements démocratiques dans l'ancien bloc soviétique, pour ne citer qu'eux.

Il semble parfois de bon ton de dénigrer les droits de l'homme, qui sont régulièrement violés, et de moquer les idéalistes qui continuent « naïvement » à les défendre. Sur le terrain pourtant, les ONG et les mouvements politiques se battent au quotidien pour qu'ils soient appliqués ou pour mettre un terme aux violations dont ils ont connaissance. Dans les tribunaux nationaux et internationaux tous les jours des juges sanctionnent ceux qui ne respectent pas ces droits, États comme individus.

Le Printemps arabe, les mouvements démocratiques en Asie (Birmanie, Chine, Thaïlande) montrent une « désoccidentalisation » de ces questions : partout, dans toutes les cultures, le même besoin de dignité est là. Le respect des droits de l'homme est d'ailleurs une des composantes essentielles d'un développement durable. C'est un combat sans fin, qui progresse très lentement et connaît de nombreux reculs. Mais un combat grâce auquel des progrès peuvent être obtenus. Et dont chaque petite victoire nous rend meilleurs.

LES ENFANTS À L'ÉCOLE

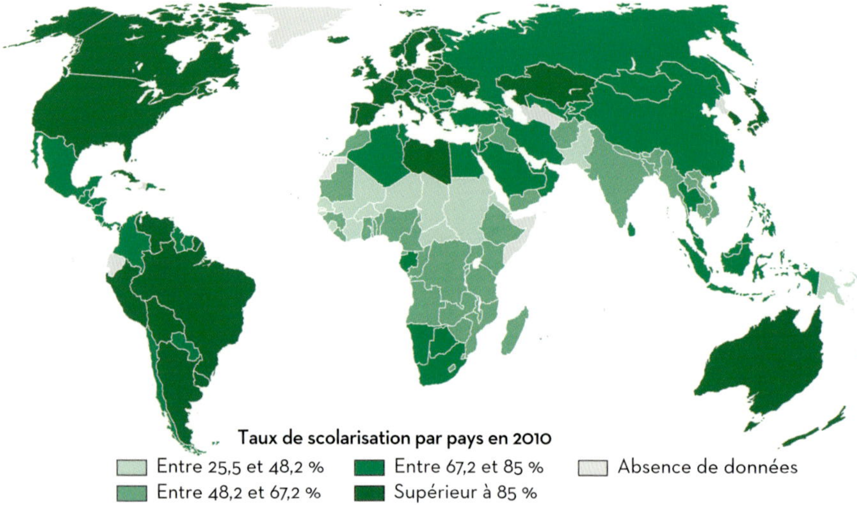

Source : UNESCO, 2010.

[Ci-contre]
Aujourd'hui, 64 % des 860 millions d'adultes analphabètes sont des femmes et 57 % des 104 millions d'enfants non scolarisés sont des filles.

[Page de droite]
L'indice d'inégalité de genre est composé à partir de 3 dimensions et de 5 indicateurs : le marché de l'emploi (la participation féminine à l'activité), l'autonomisation (la scolarisation secondaire et supérieure, la représentation parlementaire) et la santé de la reproduction (la fécondité chez les adolescentes, la mortalité maternelle). Les discriminations qui touchent les femmes ne sont pas toujours liées au niveau de développement du pays : l'indice d'inégalité est faible à Cuba, pays pauvre, et fort en Arabie saoudite, pays au PIB élevé.

LES INÉGALITÉS HOMMES-FEMMES

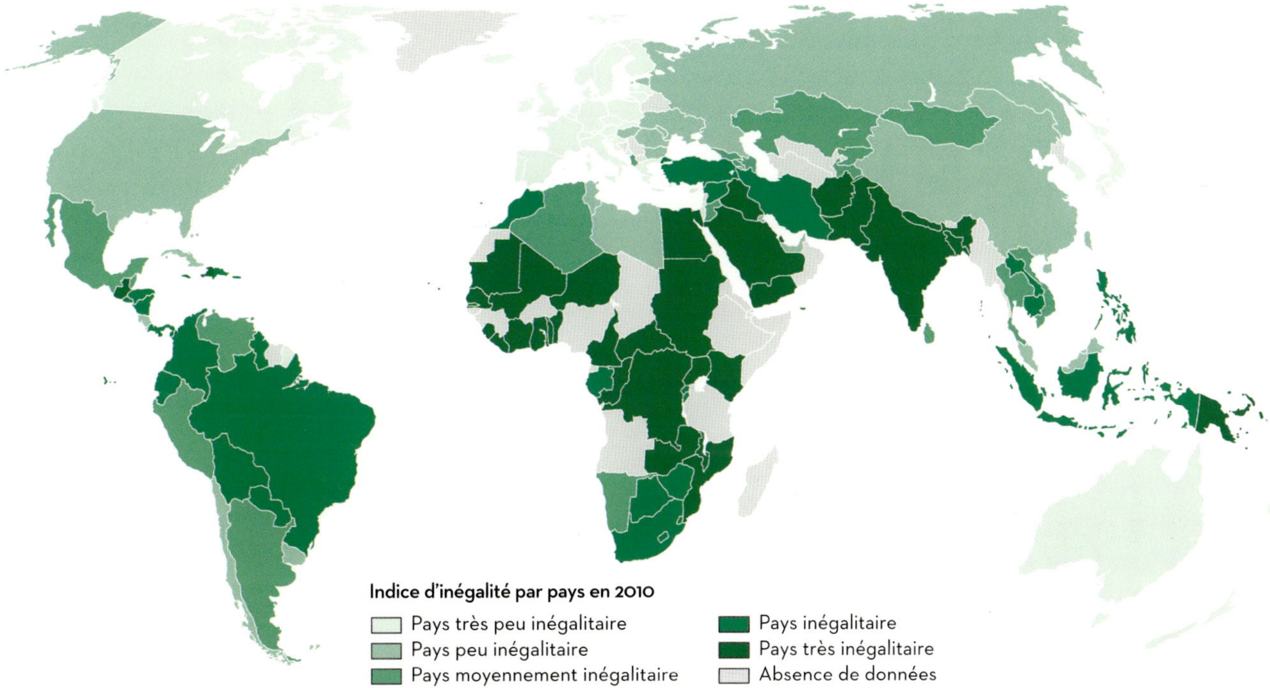

Source : UNICEF, DAES, IPU, OIT, 2009-2010.

7 FUTURS

« Dans 20 ans, vous serez plus déçu par ces choses que vous n'avez pas faites que par celles que vous avez faites. Alors larguez les amarres. Mettez les voiles et sortez du port ô combien sécurisant. Explorez. Rêvez. Découvrez. »

MARK TWAIN
Écrivain américain

7 MILLIARDS D'HOMMES

[Pages précédentes]
Construction de la tour Burj Khalifa à Dubaï, Émirats arabes unis.
Avec ses 828 mètres de hauteur, c'est la plus haute structure humaine jamais construite. Achevée en 2009, elle abrite un hôtel de luxe, des appartements de prestige et des bureaux.

De quoi l'avenir sera-t-il fait ? La planète pourra-t-elle supporter 2 milliards d'habitants supplémentaires ? Pourra-t-elle tous les nourrir ? les chauffer ? les abriter ? À l'heure où les visions les plus sombres s'imposent dans nos journaux et sur nos écrans, rappelons avec force que le monde n'est soumis à aucune fatalité et qu'il n'a pas de destin. Plus que jamais, c'est aux hommes d'inventer l'avenir avant qu'il ne s'impose à eux. Dès aujourd'hui, des scénarios se dégagent, offrant de choisir parmi les futurs possibles le plus souhaitable d'entre eux.

Qu'il s'agisse en effet de nos régimes alimentaires ou des politiques agricoles, de nos modes de vie ou des stratégies énergétiques, de nos modes de transport ou des choix d'aménagement, de nos habitudes de consommation ou des politiques sociales, jamais autant qu'aujourd'hui, nous n'avons été aussi engagés par l'avenir, par ce qu'il exige de vision, de volonté, de décision et d'actions à mener par tous et sans délai. Ne pas l'assumer conduirait à léguer la fatigue planétaire aux jeunes générations et à imposer le pire des futurs possibles à leurs successeurs.

Pétris par l'histoire héritée de nos aînés, nous voilà donc façonnant celle de nos descendants, sans que nous puissions déléguer cette responsabilité, ni dans le temps ni aux autres. Que nous soyons étudiants, parents, électeurs, chefs d'entreprise, syndicalistes, enseignants, journalistes, responsables politiques, administrateurs ou consommateurs, l'avenir est chaque jour engagé par nos décisions, nos modèles et nos habitudes, soulignant l'importance d'être éclairés sur les conséquences et les enjeux que nos actes soulèvent.

Ainsi, à la lumière des scénarios tendanciels, un triple constat s'impose déjà : en augmentant la demande en eau et en denrées alimentaires, la croissance démographique confronte les hommes à la finitude de la planète, à leur enfermement, et donc à la nécessité d'investir dans des modèles agroalimentaires durables. À son tour, en transformant toute augmentation de revenus en demande de biens supplémentaires et donc en prélèvement de ressources naturelles, la croissance économique soumet l'humanité au risque de l'épuisement de la biosphère. Disparition d'espèces, désordres climatiques et dégradation des paysages, mais aussi exposition des populations aux catastrophes naturelles, aux pénuries, aux conflits, à la précarité ou à l'exil : notre modèle de développement montre ses limites, avant même que la planète ne compte 9 milliards d'habitants ou davantage.

Pour autant, loin de condamner l'humanité au déclin, au chaos ou à l'extinction, l'avenir se présente comme un champ d'innovations, que les crises économiques et écologiques fertilisent peu à peu grâce à l'expérience, à la connaissance, à la recherche et à la conscience. Pour sa part, la prospective révèle que la complexité du monde donne à chacun sa part d'action. Telle une longue vue, elle donne à voir ce que pourrait être le présent en 2050, en fonction des orientations énergétiques, industrielles, financières, commerciales, sanitaires ou politiques que nous validerons ou non dans les toutes prochaines années. Miroir de nos hésitations, elle souligne ainsi les risques que l'humanité court à conserver ses modèles et à vivre sur ses acquis. Positive, elle propose les options dont nous disposons pour tenter d'autres formes de progrès, plus durables. Gageons alors que nous réunirons bientôt la créativité, le désir et l'éthique nécessaires pour entreprendre librement une révolution écologique désormais indispensable.

VIRGINIE RAISSON
Chercheur en géopolitique
Directrice du LÉPAC
(laboratoire privé et indépendant d'études prospectives et d'analyses cartographiques)
Auteur de 2033, *Atlas des futurs du monde* (Robert Laffont),
premier essai cartographique de prospective mondiale

LES SCÉNARIOS DE L'APOCALYPSE

__ La science-fiction nous propose une vision pessimiste du monde qu'il ne tient qu'à nous d'éviter.

De jeunes élèves bouddhistes portent des lunettes 3D lors d'une visite scolaire à Séoul, Corée du Sud. Avec les téléviseurs 3D qui gagnent du terrain, la troisième dimension pourrait bien envahir nos vies, notamment au travers de la réalité augmentée.

Le catastrophisme alimente depuis longtemps les récits de science-fiction et illustre les scénarios pessimistes envisagés par les scientifiques. Dès 1966, le roman *Soleil vert*, adapté au cinéma en 1973, imagine que la raréfaction des ressources et la surpopulation conduisent la société à briser le tabou du cannibalisme. *Soleil vert* est en effet le nom de l'aliment de base dans ce monde futuriste ; il est produit à partir de cadavres humains, ce que la population ignore. À la même époque, le roman *Tous à Zanzibar* décrit une Terre peuplée de 7 milliards d'habitants en 2010, où la multiplication des maladies entraîne des politiques eugénistes. Dans les années 1980, les films *Mad Max* dépeignent un monde dévasté où les habitants se battent pour le pétrole et les ressources, car les pénuries ont mis fin aux gourvernements.

A contrario, dans le roman *Les Monades urbaines*, écrit par Robert Silverberg en 1971, la surpopulation n'est pas un fléau mais un choix. En 2381, plus de 75 milliards d'êtres humains peuplent la Terre et acceptent de vivre regroupés dans de gigantesques immeubles nommés « monades » pour laisser le plus de terres possible à l'agriculture. Dans ces immeubles fermés où tout se recycle, la croissance de la population est désirée et la réalisation du bonheur passe par une très grande liberté sexuelle. Pourtant, malgré la liberté apparente, la société décrite se révèle très hiérarchisée, et finalement contraignante pour les individus.

Ces ouvrages traitent tous de la manière dont notre société sera influencée par les transformations démographiques et écologiques à venir. Mais ce qui arrivera peut-être dans le futur est déjà arrivé dans le passé. *Effondrements*, un essai historique de Jared Diamond paru en 2005, revient sur la disparition de plusieurs sociétés humaines : les Vikings du Groenland, les habitants de l'île de Pâques, les Mayas d'Amérique centrale... Ces sociétés autrefois prospères n'ont pas su s'adapter aux changements de leur environnement et ont cessé d'exister. Tirons donc les leçons du passé pour mieux préparer l'avenir.

COMBIEN SERONS-NOUS EN 2050 ?

— Projections, prévisions et incertitudes sur la population mondiale.

Des enfants jouent dans une rue inondée d'Amritsar, État du Pendjab, Inde. Avec un indice de fécondité équivalent à 2,62 enfants par femme, l'Inde devrait ravir à la Chine le titre de pays le plus peuplé du monde d'ici à 2025.

Les scénarios sur la population en 2050 et en 2100 viennent d'être réajustés par les Nations unies. L'éducation des filles progresse moins rapidement que prévu et l'accès à la contraception aussi : à peine 20 % des femmes africaines en bénéficient. Le scénario moyen, en 2011, prévoit donc que l'humanité atteindra 9,3 milliards vers 2050, après avoir passé un cap de 10,1 milliards vers 2030. C'est un peu plus que l'estimation précédente.

Ce n'est pas le premier réajustement : les hypothèses sur les principales variables - fécondité, mortalité et échanges migratoires - sont sans cesse réexaminées au regard des dernières statistiques et les scénarios évoluent. Il y a une vingtaine d'années, on prévoyait plutôt une population de 15 milliards pour 2100. Les scénarios ont été ramenés à 12, puis à 9 milliards. Cette année, ils remontent à 10.

Toutefois, ces valeurs correspondent à des calculs basés sur une hypothèse dite « moyenne ». De petites différences peuvent modifier considérablement les prévisions. Ainsi, la variante « haute », qui ne diffère du scénario moyen que de 0,5 enfant en moyenne en plus par femme, prévoit 15,8 milliards d'êtres humains en 2100. La variante « basse », avec 0,5 enfant en moyenne en moins, donne une baisse de la population avec 6,2 milliards en 2100.

Selon le scénario moyen des Nations unies, les pays où la fécondité est élevée verront leur population tripler en moins d'un siècle ; l'Inde dépassera la Chine comme pays le plus peuplé, avec 1,7 milliard d'habitants, tandis que l'Europe verra sa population diminuer de 20 %.

Mais ces milliards d'êtres humains que l'on additionne ne sont pas seulement des chiffres, ce sont aussi des personnes qui pensent et qui décident - plus ou moins - de leur reproduction ; les hypothèses de natalité ne font que refléter la somme de choix individuels. L'évolution des mœurs et des coutumes a le pouvoir d'influencer ces hypothèses. À travers son comportement, chacun des 7 milliards d'individus que nous sommes détermine une part de notre destin commun.

UNE AUTRE VISION DU BONHEUR

__ **La décroissance** propose un modèle alternatif de société.

Seul le sommet de certains immeubles émerge de l'épais brouillard qui recouvre la ville de Wenling, Chine. Ce pays compte plus de 85 villes de plus de 1 million d'habitants. Avec ses quelque 6 millions, Wenling est l'une d'entre elles.

Le mode de développement occidental repose depuis l'ère industrielle sur l'exploitation croissante des ressources naturelles. Mais le capital limité de notre planète menace de s'épuiser. La solution, pour certains, est la décroissance. Théorisé par l'économiste Nicholas Georgescu-Roegen dans les années 1970, le concept trouve un nouvel écho ces dernières années et connaît de nouveaux développements avec la récession mondiale. Son principe : la fin de la croissance étant inéluctable, mieux vaut la devancer pour la vivre en douceur.

D'autres termes équivalents sont parfois utilisés pour éviter une connotation négative, comme « prospérité sans croissance ». Mais la décroissance est aussi un « mot-obus », destiné à critiquer l'idée de développement durable qui serait une contradiction dans les termes puisque une croissance infinie dans un monde fini n'est justement pas possible, et donc pas durable.

Vivre mieux avec moins. Telle est l'idée à l'échelle individuelle, et on parle alors de « simplicité volontaire ». Ceux qui l'appliquent tentent de résister au conditionnement publicitaire et aux besoins factices qu'il insinue dans les esprits. En travaillant moins pour se dégager du temps libre, en cultivant un potager ou en réparant ce que l'on possède plutôt que d'en changer à tout va. En échangeant et en troquant des biens et des services plutôt que de les acheter. En apprenant à vivre plus lentement.

Les tenants de ce mode de vie alternatif utilisent également l'expression « sobriété heureuse » pour insister sur l'aspect convivial et libérateur de leur démarche, loin d'un ascétisme fait de privations.

Reste cette question : comment mettre en pratique la décroissance au niveau de la société tout entière ? Relocaliser l'économie, préférer au PIB des indicateurs d'une richesse moins matérielle, encourager une culture de l'être plutôt que de l'avoir et du paraître : la décroissance implique des changements d'autant plus controversés et difficiles qu'ils imposent de revoir en profondeur le modèle de nos sociétés et touchent à notre façon d'être sur Terre.

IL PARAÎT QUE C'EST DÉLICIEUX

— Face à la pénurie, méduses et insectes pourraient entrer dans le régime alimentaire d'une partie croissante de la population mondiale.

Une touriste chinoise mange une brochette de scorpions sur un marché de Pékin, Chine. Pour environ 2,5 milliards de personnes, se nourrir d'insectes ou d'arthropodes fait partie du quotidien, de la même manière que manger de la viande ou du poisson.

Que mangerons-nous demain ? Si la surpêche vide les mers de leurs poissons, que trouvera-t-on dans les océans ? Selon certains scientifiques, des méduses. Celles-ci pourraient bien proliférer une fois que leurs prédateurs habituels – certains poissons – auront disparu. Les pêcheurs les rapporteront -ils bientôt par millions dans leurs filets pour que nous les mangions en salade, en sandwich, cuites à la vapeur ou grillées ?

De même, si les terres arables viennent à manquer et qu'on ne peut plus en consacrer la moitié à l'alimentation des animaux d'élevage, comme c'est le cas aujourd'hui, il faudra peut-être trouver d'autres sources de protéines animales. Ce pourrait être l'occasion de se tourner vers les insectes qui en contiennent des quantités importantes, ainsi que des lipides, des vitamines et des minéraux. Leur valeur nutritionnelle serait même supérieure à celle du bœuf ou du poisson. Grillons, criquets, larves de coléoptères, sauterelles, punaises et autres fourmis peuvent être dégustés crus ou cuits. Près d'un tiers de la planète recourt déjà à cette pratique appelée « entomophagie », au moins occasionnellement. L'organisation des Nations unies pour l'alimentation et l'agriculture (FAO) l'encourage comme alternative mondiale à la surconsommation de viande.

Certains scientifiques étudient même la possibilité de produire de la viande en éprouvette, par une technique proche du clonage. Les menus des restaurants du futur pourraient ainsi différer considérablement de ce à quoi ils ressemblent aujourd'hui.

Pour celles et ceux qui rechigneraient à ces expériences gastronomiques, le plus simple sera probablement de réduire la consommation de viande et de poisson, pour se tourner vers un régime plus végétarien. Différentes plantes riches en acides aminés, comme le soja, sont utilisées depuis des millénaires. Les algues aussi se mangent. Elles sont riches en sels minéraux, en oligoéléments, en vitamines, en fibres et en protéines.

L'avantage de cette dernière solution est qu'il est possible de l'essayer dès maintenant.

L'AVENIR AU FÉMININ

— L'amélioration du statut des femmes est l'enjeu principal du siècle à venir.

Des soldates répètent en vue d'un défilé militaire, Chine.
Dans les années 1930, un régiment entièrement composé de femmes originaires de l'île de Hainan, le détachement féminin rouge, a combattu aux côtés des forces de Mao Zedong.

Il « manque » actuellement près de 100 millions de jeunes filles en Asie, alertait il y a déjà plusieurs années Amartya Sen, prix Nobel d'économie en 1998. Dans des pays comme la Chine, l'Inde ou le Pakistan, des nouveau-nées sont mal soignées, tuées, ou les fœtus sont avortés parce que l'arrivée d'une fille signifie une bouche de plus à nourrir, et surtout une dot à constituer. En Inde, sur les 60 millions d'avortements annuels, 90 % concerneraient des fœtus féminins.

Partout des femmes sont victimes de trafics humains et de viols. En France même 654000 femmes ont déclaré avoir subi des violences physiques ou sexuelles en 2009, et 140 femmes ont été tuées par leur conjoint.

L'un des enjeux majeurs de ce siècle est donc de donner à chacune des femmes de cette planète des droits égaux, un statut juste, une dignité – bref, sa part du monde. Car améliorer l'éducation des femmes, c'est leur donner les moyens de se sortir de leur situation. C'est leur permettre de développer les capacités qui leur seront utiles pour trouver un travail, se procurer des revenus, avoir un autre rapport à la société. D'aspirer à un autre destin.

Mais cela ne suffira pas. Il faudra qu'elles s'organisent pour transformer la société. Droit de vote, fin des codes patriarcaux de la famille, possibilité de maîtriser leur fécondité et d'avorter, accession à des postes de responsabilité au sein des entreprises, et même au sommet du pouvoir politique. Tous ces droits ont été conquis en Occident par les femmes au cours du XXe siècle, même s'ils ne sont encore effectifs que pour une minorité.

Le chemin parcouru est immense et a été porté en France par des femmes comme Olympe de Gouges, qui a écrit en 1791 *La Déclaration des droits de la femme et de la citoyenne*, ou plus récemment Simone de Beauvoir et Élisabeth Badinter, pour ne citer qu'elles.

Dans le Sud, le chemin à parcourir est plus important encore, mais Dilma Rousseff au Brésil, Michelle Bachelet au Chili et Cristina Fernandez en Argentine, en accédant à la tête de leur pays, montrent un exemple que d'autres suivront sans aucun doute.

LES VILLES DE DEMAIN

— Les immeubles de demain seront hauts, car les villes seront denses. Mais l'innovation n'est pas seulement dans la hauteur : elle est dans l'écologie.

Une brume épaisse flotte au-dessus du port Victoria à Hong Kong, Chine. Environ un cinquième de l'électricité produite au niveau mondial sert à nous éclairer la nuit.

Dans l'imaginaire collectif, la ville moderne est verticale. Les premiers gratte-ciel de l'histoire sont nés à New York il y a un peu plus d'un siècle, vers 1880, et faisaient moins de 100 m de hauteur. Aujourd'hui, le Burj Khalifa à Dubaï atteint 828 m.

La ville du futur – écologique – sera dense, mais pas forcément très haute. En effet, la densité permet des économies d'espace et d'énergie, car les immeubles sont plus faciles à chauffer et mieux isolés que les maisons individuelles. Mais, au-delà d'un certain point, la hauteur devient contre-productive. Et puis les quartiers de grande hauteur ne sont pas représentatifs de la densité d'une ville en entier. Paris compte plus de 20000 habitants au kilomètre carré, contre 10000 à New York.

Toutefois, l'enjeu symbolique est important. Et le One World Trade Center, aussi nommé Freedom Tower, qui prendra la place des tours de New York détruites le 11 septembre 2001, portera des éoliennes sur son toit pour capter l'énergie des vents puissants qui soufflent en hauteur.

Alors que les bâtiments sont responsables d'environ 40 % de la consommation énergétique en Occident, ils forment le secteur pour lequel il existe le plus grand potentiel d'économie. Un bon double vitrage diminue les pertes de chaleur de 15 à 20 %. Des ampoules basse consommation et un meilleur usage de la lumière naturelle permettraient de réduire de 75 % la consommation d'énergie liée à l'éclairage domestique.

Les bâtiments de demain accueilleront sur leurs toits des éoliennes ou des panneaux solaires – les énergies renouvelables peuvent facilement assurer jusqu'à 30 % de l'électricité consommée. Mais il est possible d'aller encore plus loin. Certains bâtiments, très bien isolés, orientés pour profiter de la chaleur du soleil quand il fait froid, ne nécessitent quasiment plus de chauffage, même dans les pays froids. On parle alors de « bâtiments passifs ». Il existe même des « maisons positives », c'est-à-dire qui produisent plus d'énergie qu'elles n'en consomment.

Le métier d'architecte a toujours été technologique. Au XXIe siècle, il deviendra probablement aussi écologique.

UN URBANISME DURABLE

__ Transformer la ville est extrêmement lent et coûteux.
Transformer les esprits aussi.

Regroupement de cyclistes dans un jardin public à l'occasion d'une manifestation à Budapest, Hongrie. Appelés « vélorutions » ou encore « masses critiques », ces rassemblements célèbrent la culture cycliste dans tous ses états.

Construire des bâtiments selon des modèles plus respectueux de l'environnement ne suffira pas pour bâtir une ville plus verte. Il faudra repenser l'ensemble du tissu urbain.

Pour les déplacements, les solutions existent déjà : le vélo, la marche, les transports en commun. Quant aux véhicules électriques, qui devraient représenter près de la moitié des ventes d'automobiles d'ici à 2050, ils polluent moins que les véhicules à essence, mais leur électricité provient de centrales thermiques ou nucléaires.

En fait, il faudra optimiser les déplacements, recréer des quartiers dans lesquels on puisse faire ses courses et aller travailler à pied, prévoir des infrastructures pour garer les vélos ou recharger les véhicules électriques... Bref, pour la plupart des villes, cela signifiera des années de travaux.

La maîtrise de l'énergie sera également un enjeu majeur. Cela passera par les économies d'énergie et le recours aux énergies renouvelables, mais aussi par le développement de réseaux de distribution électriques intelligents. Ils permettront de mieux répartir le courant selon la demande et de limiter ainsi les surcharges du réseau et le gaspillage, tant au niveau d'un quartier que d'un logement.

Il faudra aussi rendre la ville plus verte, renforcer la mixité sociale, améliorer la gestion des déchets... Des initiatives pilotes existent : on parle d'« éco-quartiers ». Toutefois, elles peinent à se généraliser, car modifier la ville est un processus très long et très coûteux. Il est plus facile de partir de zéro pour créer des villes nouvelles comme Dongtan, qui se veut la première éco-ville de Chine, ou Masdar, qui devrait être une ville modèle à Abu Dhabi, dans les Émirats arabes unis. Même si, pour l'instant, ce ne sont encore que des dessins dans les agences d'architecture et de communication.

Finalement, le plus difficile sera peut-être de faire participer les citoyens. Car rien ne sert de mettre en place le tri sélectif, par exemple, si les habitants ne jettent pas leurs déchets dans les bonnes poubelles. Or, changer les habitudes est souvent plus long et plus compliqué qu'on ne le pense.

UN NOUVEAU MONDE

— Le monde bipolaire issu de la Seconde Guerre mondiale cède progressivement la place à un monde plus varié et plus imprévisible.

Des traders s'affairent à la Bolsa de Valores (Bovespa) de São Paulo, Brésil. Depuis sa fusion en 2008 avec la Bolsa de Mercadoria & Futuros (BM&F), la Bourse brésilienne est la troisième place boursière mondiale.

« Les pays du Sud » est une expression bien pratique pour désigner les « autres » pays, ceux qui ne sont pas membres du club des pays riches et développés de l'OCDE. Elle est souvent utilisée dans ce livre parce qu'elle est meilleure que d'autres comme les pays pauvres – certains sont riches –, les pays en développement – certains sont au contraire en plein effondrement –, les pays du tiers-monde – les deux mondes n'existent plus (Est et Ouest).

Certains de ces pays du Sud sont en fait au nord, mais ce n'est pas le seul problème – c'est même presque le moindre. Car il n'y a pas un Sud mais des Sud. Et bientôt, le mot ne voudra plus rien dire du tout. Le monde est en effet en train de se fragmenter en plusieurs groupes très différents les uns des autres. En tête, les quatre grands que l'on appelle les BRIC : Brésil, Russie, Inde, Chine – on ajoute parfois un « S » à l'acronyme pour faire une place à l'Afrique du Sud. Ce sont respectivement les 9e, 6e, 4e, 2e et 25e puissances économiques mondiales. Et très clairement des géants en devenir.

Il y a aussi les pays dynamiques émergents, comme les tigres asiatiques ou le Mexique et la Turquie ; les pays producteurs de pétrole, comme l'Arabie saoudite ou la Bolivie ; les micro-États insulaires, comme les Maldives ou Tuvalu ; les pays très pauvres, comme le Burundi (le plus bas PIB mondial par habitant). Et puis il y a même les États en déliquescence, les *failed states*, où règne le chaos : la Somalie, le Soudan…

Aux Nations unies, dans les grandes réunions internationales sur la diplomatie, le climat ou les questions agricoles, les pays du Sud prennent une part de plus en plus importante. Ils font apparaître leur force, leurs différences et leurs divergences. Nous assistons à la fin du monde bipolaire.

Le monde se redessine sous nos yeux. Du point de vue de puissances déclinantes comme la France, c'est peut-être inquiétant. Du point de vue de l'humanité, l'irruption de milliards de personnes d'horizons et de cultures différentes est un enjeu passionnant.

FPO

QUAND UN MILLIARD DE CHINOIS SERONT DEVENUS VIEUX

— Le monde vieillit vite.
Et pas seulement en Occident.

Un homme pousse une poussette dans une rue de Tskhinvali, Ossétie du Sud. Ce pays réclame depuis 1992 une indépendance que lui refuse le gouvernement géorgien. Cette situation a entraîné plusieurs conflits, dont le dernier en 2008.

Le monde vieillit, et pas seulement dans les pays riches. Le phénomène se produira même beaucoup plus vite dans les pays du Sud, bien que ces derniers commencent à peine à y être confrontés. La raison en est que la baisse de la fécondité et l'augmentation de la longévité – c'est-à-dire la transition démographique – y sont beaucoup plus rapides qu'elles ne l'ont été en Occident. En France, la part de personnes de plus de 65 ans a mis 114 années pour doubler et passer de 7 à 14 % de la population. En Iran, par exemple, elle ne mettra que 20 ans pour connaître la même évolution.

Le stéréotype de la retraite dorée sur la Côte d'Azur n'est pas généralisable à l'échelle de la planète. Un petit nombre d'anciens ont pu accumuler un capital au cours de leur vie, en particulier dans les pays occidentaux, mais la majorité, surtout dans les pays en développement, compte sur les ressources familiales et les jeunes générations. Le vieillissement de la population prend de court de nombreuses sociétés, qui n'ont apparemment pas encore de stratégie pour y faire face. D'autant plus que les anciens sont de moins en moins pris en charge par leurs enfants et petits-enfants dans ces pays qui voient la tradition du foyer plurigénérationnel comme un obstacle au développement et à la modernité.

Le cas de la Chine est particulièrement critique à cet égard, car d'ici quelques années, deux générations d'enfants uniques se seront succédé, construisant des familles avec quatre grands-parents, deux parents et un seul petit-enfant. Le phénomène, baptisé « 4-2-1 », fera porter sur un seul actif la charge de six personnes.

Pourtant, les personnes âgées représentent aussi des traditions et un savoir-faire ; leur rôle de transmission et leur sagesse sont trop peu valorisés. La vieillesse, dans un monde bouleversé par le changement continu, pourrait être considérée comme un enrichissement pour la société et lui permettre de voir les choses d'une manière plus mesurée. Une société vieillissante est une société plus apaisée, qui pourrait amener un monde plus pacifié.

CHAUD DEVANT

— Le changement climatique va peser sur la production alimentaire mondiale.

Un voile orange enveloppe le pont de la baie de Sydney pendant une tempête de sable, Australie.
Les tempêtes de sable sont fréquentes en Australie, mais elles prennent ces derniers temps des proportions plus inquiétantes.

Le changement climatique va-t-il aggraver l'insécurité alimentaire mondiale ? S'il est une activité qui dépend du climat, c'est bien l'agriculture. Celle-ci sera modifiée dans les années à venir. Difficile, toutefois, de dresser un tableau global tant les situations sont variées.

Dans un premier temps, une augmentation modeste de la température (entre 1 et 2 °C) va améliorer la productivité aux latitudes moyennes et élevées – les rendements du blé pourraient augmenter de 30 % en Europe. La limite septentrionale des activités culturales se déplacera vers le nord de quelques centaines de kilomètres, ce qui profitera au Canada et à la Russie par exemple.

Avec une augmentation plus importante des températures (entre 2 et 3 °C), des effets néfastes se feront sentir et la perte de terres arables liée à la désertification s'aggravera pour neutraliser, au niveau de la planète, les avantages d'un réchauffement modeste dans les pays aux latitudes moyennes ou élevées.

Au delà de 3 °C, des effets secondaires majeurs apparaîtront. Les besoins en eau pour l'irrigation augmenteront de 5 à 20 % selon les endroits. Les pays en développement, souvent situés aux basses latitudes, devront importer davantage de nourriture. Au total, entre 40 et 170 millions de personnes supplémentaires souffriront de la faim, pour l'essentiel en Afrique.

Cependant le problème ne concerne pas seulement les températures. Le changement climatique induit aussi des dérèglements et l'augmentation des phénomènes extrêmes (sécheresses, inondations, tempêtes…). En se multipliant, ils menaceront la production agricole. De façon générale, la nécessité de s'adapter à un environnement en transformation créera de grandes difficultés aux paysans, car ils utilisent souvent un savoir ancestral. Comme toujours, les plus pauvres seront les plus menacés. Pour eux, une mauvaise récolte pourra amener un endettement fatal, tandis que des exploitants un peu plus aisés auront la possibilité de puiser dans leurs réserves pour franchir le cap d'une mauvaise année.

NOS CHOIX, NOTRE AVENIR

— Le réchauffement climatique pourrait déstabiliser notre société, mais rien n'est encore joué.

Parcelle de terre encerclée par les eaux au nord-est du pays, Malaisie. Avec le changement climatique, les pluies de la mousson en Asie sont de plus en plus violentes et provoquent des inondations toujours plus importantes.

La Terre se réchauffe. Inondations, sécheresses, augmentation des phénomènes météorologiques extrêmes, les effets du changement climatique se font déjà sentir. Si nous ne parvenons pas à limiter la hausse des températures à 2°C, tous les équilibres déjà fragilisés par les développements actuels de notre société subiront de profonds bouleversements.

Impossible, pourtant, de prédire quel sera le climat de demain. Ce n'est pas seulement un problème scientifique. En se fondant sur un certain nombre de facteurs (climatiques, démographiques, économiques, technologiques), le Groupe intergouvernemental d'experts sur le climat (GIEC) a imaginé et décrit plusieurs scénarios. Certains aboutissent à une envolée des émissions de gaz à effet de serre et à une forte augmentation de la température globale ; d'autres correspondent à une stabilisation des émissions ou des températures. Aucun de ces scénarios n'est plus probable qu'un autre : ils représentent juste un ensemble de futurs possibles.

En effet, le principal facteur qui décidera de la voie sur laquelle s'avancera notre société n'est pas scientifique, mais sociétal. C'est-à-dire qu'il repose sur nos choix collectifs, car nos émissions de gaz à effet de serre, et donc le climat de demain, ne seront pas du tout les mêmes si nous sommes 10 milliards d'êtres humains à rouler en 4x4 et à consommer les ressources à un rythme aussi élevé qu'aujourd'hui, voire plus encore, ou bien 7 milliards qui se déplacent à bicyclette ou en transport en commun, avec un style de vie moins gourmand en biens matériels.

Nous sommes à un moment charnière de notre histoire et notre avenir est entre nos mains : il n'y a pas de fatalité. Gouvernements, villes, entreprises, ONG, individus, chacun – à son échelle et avec ses moyens – dispose de la possibilité d'agir et d'inventer aujourd'hui le monde de demain. Celui-ci, s'il sera très différent de celui que nous connaissons, ne sera pas forcément sinistre, au contraire. Car, comme disait Gandhi : « Il y a assez de tout dans le monde pour satisfaire les besoins de l'homme, mais pas assez pour assouvir son avidité. »

LES SCÉNARIOS POUR LA POPULATION MONDIALE

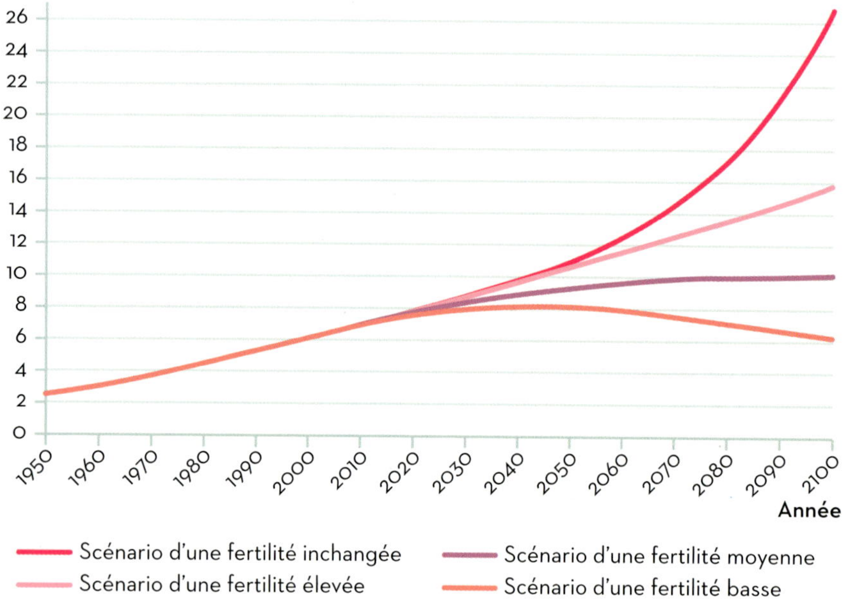

Source : United Nations, DESA/PD, *World Population Prospects : The 2010 Revision.*

[Ci-contre]
Si, au XXIe siècle, l'humanité continue à faire autant d'enfants qu'aujourd'hui, nous serons 27 milliards sur la planète en 2100. C'est un scénario catastrophiste qui ne se réalisera probablement pas, car nous changeons nos comportements. Mais dans quelle mesure et à quel rythme ? Selon les scénarios, nous serons entre 6 et 16 milliards en 2100.

[Page de droite]
L'autre paramètre que les scientifiques essaient de prévoir est la température qui va augmenter avec le changement climatique. Là encore, nos comportements joueront un rôle essentiel dans cette évolution. Dans les deux cas, nous tenons notre avenir entre nos mains.

2 DEGRÉS DE PLUS EN 2020

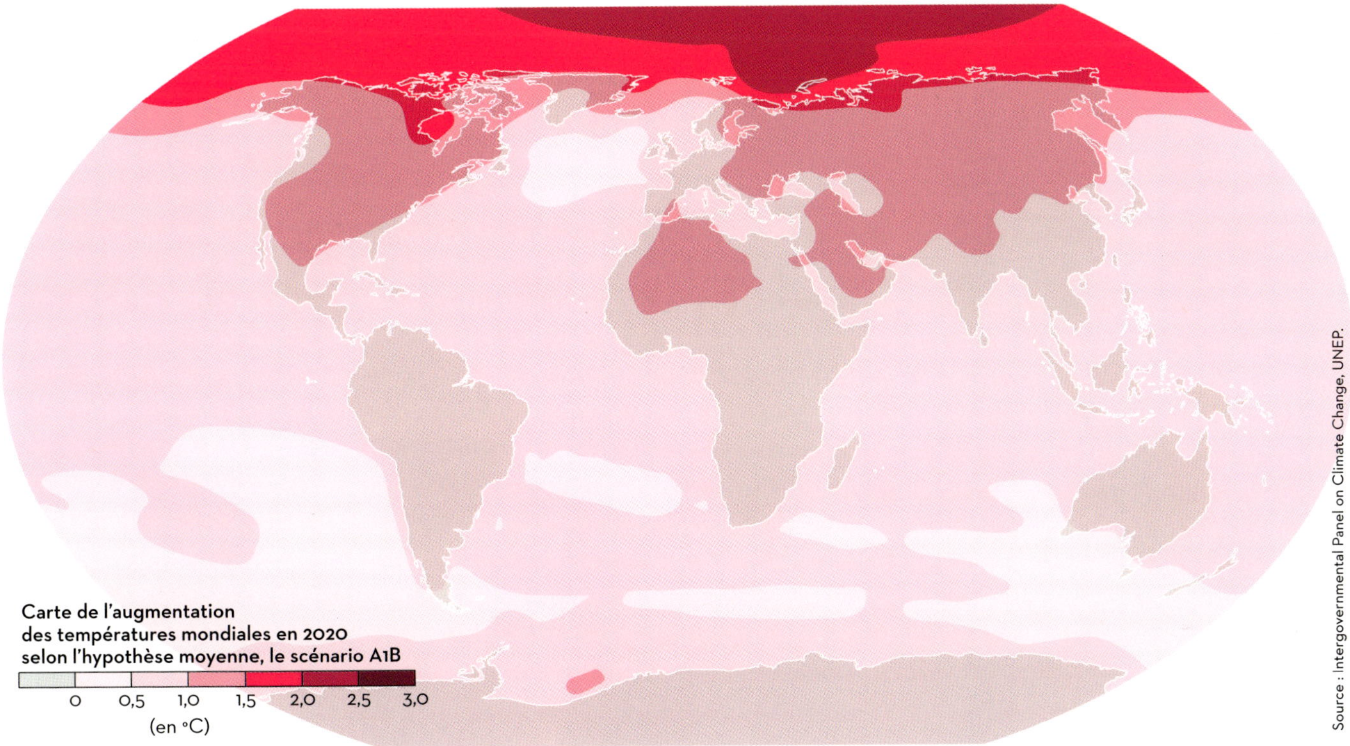

Source : Intergovernmental Panel on Climate Change, UNEP.

INDEX

Les intitulés et chiffres en **gras** renvoient aux sujets developpés sur une page entière.

A

B

C

D

E

F

G

H

I

J-K

L

M

N

O

P

Q-R

S

T

U-V

W-Y-Z

CRÉDITS PHOTOGRAPHIQUES

p. 30 - Yann Arthus-Bertrand / Altitude-Paris
p. 35 - AFP PHOTO / STR
p. 37 - AFP PHOTO / Arif Ali
p. 39 - AFP PHOTO / Ted Aljibe
p. 41 - AFP PHOTO / Viktor Drachev
p. 43 - AFP PHOTO / Dibyangshu Sarkar
p. 45 - AFP PHOTO / Pascal Guyot
p. 47 - AFP PHOTO / Manpreet Romana
p. 49 - AFP PHOTO / Viktor Drachev
p. 51 - AFP PHOTO / STR
p. 54 - Yann Arthus-Bertrand / Altitude-Paris
p. 59 - AFP PHOTO / Olivier Laban-Mattei
p. 61 - AFP PHOTO / Seyllou
p. 63 - AFP PHOTO / STR
p. 65 - AFP PHOTO / Odd Andersen
p. 67 - AFP PHOTO / Ashraf Shazly
p. 69 - AFP PHOTO / STR
p. 71 - AFP PHOTO / Antony Dickson
p. 73 - AFP PHOTO / Aamir Qureshi
p. 75 - AFP PHOTO / Bertrand Guay
p. 78 - Yann Arthus-Bertrand / Altitude-Paris
p. 83 - AFP PHOTO / Yasuyoshi Chiba
p. 85 - AFP PHOTO / Yasuyoshi Chiba
p. 87 - AFP PHOTO / Arif Ali
p. 89 - AFP PHOTO / HO/MALDIVES PRESIDENCY
p. 91 - AFP PHOTO / Pius Utomi Ekpei
p. 93 - Yann Arthus-Bertrand / Altitude-Paris
p. 95 - AFP PHOTO / Luis Acosta
p. 97 - AFP PHOTO / Pius Otomi
p. 99 - AFP PHOTO / STR
p. 101 - AFP PHOTO / Vanderlei Almeida
p. 104 - Yann Arthus-Bertrand / Altitude-Paris
p. 109 - AFP PHOTO / STR
p. 111 - AFP PHOTO / STR
p. 113 - AFP PHOTO / Noah Seelam
p. 115 - AFP PHOTO / Emmanuel Dunand
p. 117 - AFP PHOTO / Jack Guez
p. 119 - AFP PHOTO / Gianluigi Guercia
p. 121 - AFP PHOTO / STR
p. 123 - AFP PHOTO / Pedro Armestre
p. 125 - AFP PHOTO / Antonio Scorza
p. 127 - AFP PHOTO / JAY DIRECTO
p. 130 - Yann Arthus-Bertrand / Altitude-Paris
p. 135 - Yann Arthus-Bertrand / Altitude-Paris
p. 137 - AFP PHOTO / STR
p. 139 - AFP PHOTO / Claus Bjorn Larsen
p. 141 - AFP PHOTO / Dimitar Dilkoff
p. 143 - AFP PHOTO / Torsten Blackwood
p. 145 - AFP PHOTO / Boris Horvat
p. 147 - AFP PHOTO / Sam Panthaky
p. 149 - AFP PHOTO / Sergei Supinsky
p. 151 - AFP PHOTO / Biju Boro
p. 153 - AFP PHOTO / STR
p. 156 - Yann Arthus-Bertrand / Altitude-Paris
p. 161 - AFP PHOTO / Jung Yeon-Je
p. 163 - AFP PHOTO / Narinder Nanu
p. 165 - AFP PHOTO / STR
p. 167 - AFP PHOTO / Mark Ralston
p. 169 - AFP PHOTO / STR
p. 171 - AFP PHOTO / Richard A. Brooks
p. 173 - AFP PHOTO / Balint Porneczi
p. 175 - AFP PHOTO / Mauricio LIMA
p. 177 - AFP PHOTO / Viktor Drachev
p. 179 - AFP PHOTO / Greg Wood
p. 181 - AFP PHOTO / The New Straits Times Press / Fathil Asri

TEXTE
NEWS
PHOTOS
MODE & PEOPLE
INFOGRAPHIES
ENVIRONNEMENT
VIDÉOS
SPORTS
POLITIQUE

GoodPlanet.org

Ce livre a été réalisé par la fondation GoodPlanet, créée en 2005 par Yann Arthus-Bertrand. Reconnue d'utilité publique en juin 2009, la fondation a pour objectif de « mettre l'écologie au cœur des consciences ».

GoodPlanet.info

La rédaction de la fondation édite un site d'information : www.goodplanet.info. Lancé en avril 2009, il fournit en continu, en français et en anglais, une information complète et objective sur tous les grands enjeux environnementaux.

Goodplanet.info est un site riche de plus de 3 000 pages, dont plus de 300 tribunes d'experts internationaux (Joseph Stiglitz, Michel Rocard, Achim Steiner, Naomi Klein, Jimmy Carter, Vandana Shiva...), plus de 300 vidéos et plus de 200 bonnes pratiques dont chacun peut s'inspirer. Une interface interactive de visualisation des données statistiques internationales en 2D et 3D est également disponible.

L'équipe propose une newsletter quotidienne qui résume chaque matin l'information écologique de la planète en quelques lignes. Chaque semaine, elle diffuse également un magazine électronique.

Le site www.goodplanet.info est soutenu depuis son lancement par BNP Paribas.

BNP PARIBAS

7 MILLIARDS D'AUTRES

Après 10 ans de survol de la planète pour réaliser *La Terre vue du ciel*, le célèbre photographe écologiste Yann Arthus-Bertrand a lancé en 2003 le projet « 6 milliards d'Autres » au sein de la fondation GoodPlanet, avec Sibylle d'Orgeval et Baptiste Rouget-Luchaire.

6000 témoignages vidéo ont été recueillis par une dizaine de reporters partis à la rencontre des autres dans 83 pays durant 6 ans.
Du pêcheur brésilien à l'avocate australienne, de l'artiste allemande à l'agriculteur afghan, tous ont répondu aux mêmes 40 questions : « Qu'avez-vous appris de vos parents ? Que souhaitez-vous transmettre à vos enfants ? Quelles épreuves avez-vous traversées ? Que représente pour vous l'amour ?... »

En 2009, un tournage complémentaire sur le changement climatique a été réalisé : 600 interviews dans 17 pays sont venues enrichir les premiers témoignages.

En 2011, dans un autre tournage sur les Objectifs de développement du millénaire des Nations unies, 500 nouvelles interviews dans 16 pays sont venues compléter ce portrait de l'humanité.

De nombreux témoignages cités dans ce livre en sont issus.

Découvrir ce qui nous sépare, ce qui nous lie, et simplement apprendre de l'expérience des autres, tel est l'objectif de « 6 milliards d'Autres ».

À dater du 31 octobre 2011, nous sommes 7 milliards d'humains sur Terre. Le projet « 6 milliards d'Autres » a donc changé de nom pour s'appeler « 7 milliards d'Autres ».

Vous aussi, participez au projet et venez découvrir tous les portraits et les films sur www.7milliardsdautres.org et rejoignez-nous sur www.facebook.com/7milliardsdautres

« 7 milliards d'Autres » est un projet de GoodPlanet soutenu par BNP Paribas.

BNP PARIBAS

DANS LA MÊME COLLECTION

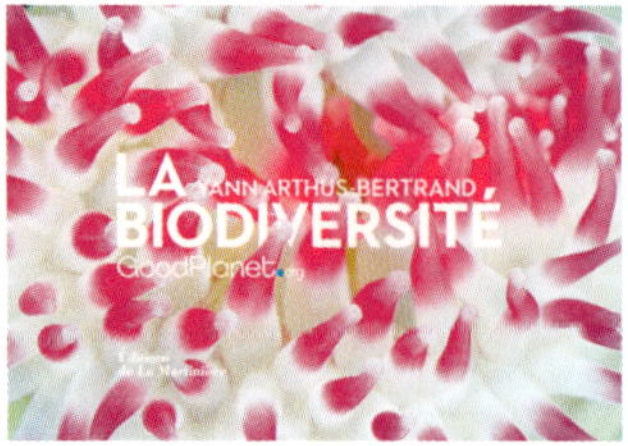

Ce livre est imprimé sur Satimat Green 170 g/m2, papier couché 60 % fibres recyclées – 40 % fibres vierges FSC. Satimat est un produit et une marque enregistrée du groupe Arjowiggings. Grâce à sa teneur élevée en fibres recyclées, ce papier éco-conçu a, lors de sa fabrication, un impact réduit sur les ressources naturelles : eau, énergie, bois.

Achevé d'imprimer en septembre 2011
sur les presses de l'imprimerie Kapp Graphic à Évreux
Photogravure : Quadrilaser
ISBN : 978-2-7324-4654-7
Dépôt légal : octobre 2011
Imprimé en France